Franz Linden (Hrsg.): Die besten Zusatzverdienst-Ideen

Franz Linden (Hrsg.)
Die besten Zusatzverdienst-Ideen

interna

Dieses Buch wird digital produziert. Die laufende Einarbeitung von Änderungen und Ergänzungen garantiert stets optimale Aktualität. Zusatzservice für alle Leser: Die regelmäßige Redaktionssprechstunde.

VlB – Titelmeldung
Linden, Franz (Hrsg.):
Die besten Zusatzverdienst-Ideen
ISBN 978-3-934662-15-5

© 2007 by interna

Umschlaggestaltung: workstation gmbh, Bonn
Zeichnung: Günter Hengsberg, Euskirchen
Satz: workstation gmbh, Bonn
Druck: Bonner Druck & Medien GmbH, Bonn

Verlag interna
Auguststr. 1, 53229 Bonn
Tel.: 0228 / 85 44 98-0, Fax: 0228 / 85 44 98-20
www.interna-aktuell.de
www.interna-express.de
mail@interna-aktuell.de

Printed in Germany

Inhaltsverzeichnis

Einführung	7
Der rechtliche Rahmen	7
Selbstständig im Nebenberuf	11
Zusatzverdienste und das Finanzamt	13
Geschäfts- und Arbeitsräume	17
Versicherungen und Sozialabgaben	17
Vorsicht Falle!	18
Die Abendsekretärin	20
Adressen handgeschrieben	21
Das Aktmodell	23
Der Alleinunterhalter	25
Autos pflegen	27
Baby-Sitter-Agentur	29
Der Bewerbungs-Berater	31
Brötchen frisch ins Haus	33
Die Buchführungshelferin	35
Der Bügelservice	37
Computer-Notdienst	39
Der EDV-Berater	41
Einkäufe ausliefern	43
Einrichtungsberatung	45
Energiesparberatung	47
Der Fitness-Trainer	49
Medizinische Fußpflege	51
Fußreflexzonen-Massage	53
Gewürze aus aller Welt	54
Der Grabredner	56
Hausaufgabenbetreuung	58
Haushaltsauflösungen	60
Haustierbetreuung	63
Hochdruckreinigung	65
Hochzeitsfeiern planen und organisieren	67
Informationsbeschaffung	69
Kinderbetreuung	71
Kindergeburtstage feiern	73
Kochen in fremden Küchen	74
Korrektur lesen	76
Kosmetik auf Rädern	78

Kunst- und Bastelkurse	79
Kurierfahrten	82
Lektorat	84
Licht & Ton	87
Märchen erzählen	89
Marktforschung	91
Möbel restaurieren	93
Nachhilfeunterricht	95
Naturkosmetik	97
PC-Lehrer	99
Der Pflanzendoktor	101
Rasen- und Gartenpflege	103
Rasenmäher-Wartung	104
Spezial-Schreibdienst	106
Seniorenanimation	108
Seniorenbetreuung	110
Telefonkontakter/in	112
Uhren herstellen	113
Verlag/Kleinverlag	115
Versandhandel	117
Wanderrouten entwerfen	120

Einführung

Dieses Buch liegt nicht ganz ohne Grund offen vor Ihnen. Sie interessieren sich dafür, aus welchen Gründen auch immer, zusätzlich zu den finanziellen Mitteln, die Ihnen zur Zeit zur Verfügung stehen, etwas hinzuzuverdienen.

Auf den folgenden Seiten werden Sie insgesamt 52 Vorschläge kennenlernen, wie Ihnen das, manchmal mit einfachsten Mitteln, gelingen kann. Diese 52 Möglichkeiten, die Haushaltskasse aufzubessern, wurden schon von vielen Menschen praktiziert, und das oft mit erstaunlichem Erfolg. Einige der Konzepte führten dazu, dass aus dem Zusatzverdienst die Haupteinnahmequelle derjenigen wurde, die erst einmal nebenbei etwas Geld verdienen wollten, um sich einen besonderen Wunsch zu erfüllen.

Möglicherweise werden Sie auf Vorschläge stoßen, die Ihnen bekannt vorkommen, oder auf solche, an die Sie selbst schon einmal gedacht haben, aber nicht ahnten, wieviel Geld man damit verdienen kann. Sie werden Möglichkeiten finden, bei denen Sie ganz einfach starten können, weil Sie kaum investieren müssen, um schon bald – im wahrsten Sinne des Wortes – zählbare Erfolge zu erzielen. Wichtig ist dabei nur: Machen Sie es! Fangen Sie an! Erfolg hatte noch niemand, der nur vom Erfolg träumte. „Machen!" heißt das Zauberwort.

Das bedeutet allerdings nicht, dass Sie sich Hals über Kopf in ein Abenteuer stürzen sollen. Es ist richtig und wichtig, ein Konzept anfangs genau zu durchdenken und sich zusätzlich zu dem, was Sie bei den einzelnen Konzepten erfahren, Ihre eigenen Gedanken zu machen, die Vorschläge zu untersuchen, ganz auf Ihre persönlichen Verhältnisse und Ihre Lebensbedingungen abzustellen und dann zu optimieren. Und dann: „Machen!"

Der rechtliche Rahmen

Mit allem was wir tun, und auch mit dem was wir unterlassen, bewegen wir uns in einem rechtlichen Rahmen. Er wird gestaltet durch Gesetze, Ordnungen und Verträge. Hier gilt es, genau zu untersuchen, ob und in welchem Umfang es Einschränkungen gibt, die es Ihnen verwehren, einen Zusatzverdienst zu erzielen. Gehen wir vom Grundsatz aus: Alles ist erlaubt, was nicht ausdrücklich verboten ist.

Das heißt also im Zusammenhang mit unserem Thema, dass alle, die es möchten, Geld verdienen können, es sei denn, ein anderer hat das Recht, es zu verbieten. Hausfrauen, Studenten und Schüler, die ihr 18. Lebensjahr vollendet haben und an keinen Arbeitsvertrag gebunden sind, können grundsätzlich tun und lassen was sie wollen. Sie können beispielsweise neben der Tätigkeit zu Hause im eigenen Haushalt mit einem Arbeitgeber einen Arbeitsvertrag abschließen und werden dann zum Arbeitnehmer.

Der rechtliche Rahmen

Schüler

Schülern werden da schon durch die allgemeine Schulpflicht Grenzen gesetzt. Der Schüler ist zehn Jahre lang zum regelmäßigen Schulbesuch verpflichtet. Er darf also während der Unterrichtszeit nicht arbeiten. Außerdem gibt es Einschränkungen seitens des Jugendarbeitsschutzgesetzes, in denen geregelt ist, in welchem Umfang Jugendliche arbeiten dürfen, zu welchen Zeiten Jugendliche nicht arbeiten dürfen und welche Arbeiten sie nicht verrichten dürfen, wenn sie nebenher abhängig beschäftigt sind. Kinder, das heißt Jungen oder Mädchen, die das 14. Lebensjahr noch nicht vollendet haben, dürfen gegen Entgelt nur unter ganz besonderen Bedingungen arbeiten. Hier gilt das Verbot der Kinderarbeit. Zu den Ausnahmen zählen künstlerische Vorträge im Rahmen von Veranstaltungen. Aber selbst hier wird der Zeitpunkt des Auftritts und die Dauer des Auftritts genau geregelt.

Studenten

Studenten haben da schon mehr Bewegungsmöglichkeiten, denn auf sie trifft das Jugendarbeitsschutzgesetz in der Regel nicht zu, sie sind volljährig und müssen selbst verantworten, ob sie in einer Vorlesung sitzen, sich zu Hause auf die nächste Klausur vorbereiten oder ob sie zu Hause am Computer arbeiten und beispielsweise als Informationsbeschaffer ein Zubrot zum „Bafög" verdienen. Hier allerdings die ersten Grenzen: Studenten müssen bei der Beantragung von Mitteln nach dem Bundesausbildungsförderungsgesetz (BAföG) ihre Einkünfte angeben. Überschreitet das eigene Einkommen, gleich aus welcher Quelle, den Betrag von 3.650 Euro, so fallen sie nicht in den Kreis der Begünstigten. Gehört ein Student aus diesen Gründen ohnehin nicht zum Kreis der Begünstigten, so hat er in dieser Hinsicht alle Freiheiten, die er nutzen möchte.

Arbeitnehmer

Der Arbeitnehmer, der sich in einem festen Beschäftigungsverhältnis befindet, sieht sich da schon wesentlich engeren Einschränkungen ausgesetzt. Er hat nämlich einen Arbeitsvertrag unterschrieben, und in diesem Vertrag hat er sich verpflichtet, dem Arbeitgeber in der vertraglich festgesetzten Zeit seine ganze Arbeitskraft zur Verfügung zu stellen. Allerdings gilt das nur für die geregelte Arbeitszeit und nicht darüber hinaus. In seiner Freizeit kann der Arbeitnehmer tun und lassen was er will, auch einer Nebenbeschäftigung nachgehen, wenn dies nicht im Arbeitsvertrag, einer Betriebsvereinbarung oder einem Tarifvertrag anders geregelt ist. Der Nebenjob darf keinesfalls dazu führen, dass der Arbeitnehmer seine Pflichten aus dem Arbeitsvertrag nicht voll und ganz erfüllen kann. Wenn ein Arbeitnehmer beispielsweise nebenberuflich eine Nachtschicht bei einem Sicherheitsdienst übernimmt und übermüdet am nächsten Morgen an seinem Arbeitsplatz erscheint, so hat er eindeutig gegen den Arbeitsvertrag verstoßen.

Der rechtliche Rahmen

Ebensowenig darf ein Arbeitnehmer seinem Arbeitgeber nebenberuflich Konkurrenz machen oder sein Wissen und seine Fertigkeiten einem Konkurrenten zur Verfügung stellen. Das könnte dann der Fall sein, wenn er beispielsweise als Programmierer in einem Softwarehaus seine Marktkenntnisse dazu ausnutzt, am Feierabend die Produkte eines Konkurrenten zu verkaufen oder selbst ein Konkurrenzprodukt herstellt und verkauft.

Dass ein Arbeitnehmer während einer Krankheit nicht – auch nicht nebenberuflich – arbeiten darf, versteht sich eigentlich von selbst. Krankheit schließt jede Arbeit aus. Anders ist es beim Urlaub. Auch hier darf man als Arbeitnehmer nicht arbeiten, denn diese Zeit wird ja vom Arbeitgeber bezahlt und soll ausschließlich der Erholung dienen. Wenn ein Arbeitnehmer allerdings mit seinem Arbeitgeber eine entsprechende Vereinbarung treffen kann, steht dem Zusatzverdienst im Urlaub nichts entgegen. Wahrscheinlich wird der Arbeitgeber durchaus damit einverstanden sein, wenn sein Arbeitnehmer die Reiseleitung bei einer Kreuzfahrt übernimmt.

Teilzeitbeschäftigte

Besonders beliebt geworden sind geringfügige entlohnte Beschäftigungen. Diese kann ein Arbeitgeber genehmigen, er muss es aber nicht tun. Diese, bis zum 1.4.1999 sozialversicherungsfreien Beschäftigungsverhältnisse dürfen allerdings nicht in dem Betrieb aufgenommen werden, in dem der Arbeitnehmer in der Hauptsache beschäftigt ist. In der Regel werden diese Beschäftigungsverhältnisse von Hausfrauen und Studenten ausgeübt. Im Jahr 1999/2000 heißen diese Beschäftigungsverhältnisse 325 Euro-Jobs, weil diese 325 Euro 1/7 der vom Bundesminister für Arbeit und Sozialordnung festgesetzten monatlichen Bezugsgrenze von 2.205 Euro ist.

Diese Bezugsgrenze wird jährlich neu festgesetzt. Die Arbeitszeit muss dabei regelmäßig unter 15 Wochenarbeitsstunden liegen und kann, wenn diese 15 Wochenstunden insgesamt nicht erreicht werden, auch bei mehreren Arbeitgebern geleistet werden.

Ab 1.4.1999 führt der Arbeitgeber nicht mehr Pauschalsteuern an das Finanzamt ab, sondern in gleicher Höhe Beiträge zur Krankenversicherung und an die Rentenkasse. Wenn der Teilzeitarbeitnehmer 7,5 % seines Entgelts aus der geringfügigen Beschäftigung zusteuert, so erwirbt er damit Rentenansprüche.

Beamte

Staatsdiener haben es sehr schwer, wenn sie sich zu ihrem Beamtensold noch etwas hinzuverdienen möchten. Beamte benötigen für Nebenbeschäftigung gegen Vergütung, für gewerbliche Tätigkeiten und für die Ausübung eines freien Berufs eine Genehmigung. Für „Tätigkeiten geringfügiger Bedeutung" regeln die Nebentätigkeitsverordnungen der

Der rechtliche Rahmen

Länder und des Bundes, dass die Genehmigung automatisch als erteilt gilt. Die Nebentätigkeit darf „dienstliche Belange" allerdings nicht beeinträchtigen. Dies wäre beispielsweise dann der Fall, wenn eine Lehrerin sich nebenberuflich als Versandhändlerin für pornographische Filme und Videos betätigen würde oder auch Gegenstände vertreiben würde, deren Gebrauch gegen Gesetze verstößt, wie beispielsweise ein Warngerät vor Geschwindigkeitskontrollen im Straßenverkehr. Auch Nebentätigkeiten, die den Beamten in Widerstreit mit seinen dienstlichen Pflichten bringen oder seine Überparteilichkeit und Unbefangenheit beeinträchtigen könnten, sind ausgeschlossen. Der Dienstvorgesetzte muss ebenfalls die Genehmigung zu einer Nebentätigkeit verweigern, wenn diese nach Art und Umfang die Arbeitskraft des Beamten so stark in Anspruch nimmt, dass sie ihn an der ordnungsgemäßen Durchführung seiner dienstlichen Obliegenheiten hindert. Dies ist regelmäßig dann der Fall, wenn die Nebentätigkeit mehr als ein Viertel seiner wöchentlichen Arbeitszeit in Anspruch nimmt. Genehmigungen zur Ausübung einer Nebentätigkeit müssen schriftlich beim Dienstvorgesetzten beantragt werden, und es muss Auskunft gegeben werden über Art und Umfang der Tätigkeit. Am Ende eines Dienstjahres muss der Beamte eine Aufstellung seiner Einnahmen vorlegen.

Allerdings gibt es von der Genehmigung der Nebentätigkeit eine Ausnahme, wenn der Beamte künstlerische, schriftstellerische oder wissenschaftliche Tätigkeiten ausübt. Als Hobbymaler darf er beispielsweise durchaus seine Werke in einer Galerie ausstellen und diese auch verkaufen, und als Autor darf er sein literarisches Werk einem Verlag anbieten und auch Autorenhonorar beziehen.

Arbeitslose

Es ist wünschenswert, wenn Arbeitslose versuchen, auch über eine Nebentätigkeit, wieder in den Arbeitsmarkt zurückzukehren. Deshalb sieht der Gesetzgeber vor, dass ein Arbeitsuchender durchaus einen Nebenjob auf „400 Euro-Basis" annehmen kann. Allerdings ist auch hier zu beachten, dass die maximale wöchentliche Arbeitszeit 14,9 Stunden nicht überschreiten darf. Das Arbeitsamt muss über die Nebentätigkeit informiert werden, ansonsten sind die Bezüge vom Arbeitsamt in Gefahr.

Allerdings werden die Einnahmen aus einem Zusatzverdienst dann auf das Arbeitslosengeld angerechnet, wenn sie 20 % des Arbeitslosengeldes und den Minimumfreibetrag von 155 Euro (1998 in Deutschland West) überschreiten. Das Arbeitslosengeld wird dann um diesen, den Minimumfreibetrag überschreitenden Betrag gekürzt oder um den Betrag, der 20 % des Arbeitslosengeldes überschreitet.

Beispiel: Ein Arbeitsloser erhält monatlich 715 Euro Arbeitslosengeld. Er darf dann 20 % von 715 Euro (= 143 Euro) nebenher verdienen. Da diese 143 Euro in Westdeutschland unter dem Minimumfreibetrag liegen, wird das Arbeitslosengeld auch nicht gekürzt. Verdient der Arbeitslose mit seinem Nebenverdienst 193 Euro monatlich, so werden ihm vom Arbeitsamt nur noch 665 Euro ausbezahlt.

Empfänger von Hilfe zum Lebensunterhalt (Sozialhilfe)

Auch die Menschen, deren finanzielle Situation so schwach ist, dass sie Hilfe zum Lebens-unterhalt beantragen können, dürfen neben dem Bezug von Geldern aus dem Säckel der Kommune etwas hinzuverdienen. Auch hier gelten Freibeträge, die allerdings nur eng begrenzt sind. Die Regelungen sind hier komplizierter als bei Nebeneinkünften von Arbeitslosen. Deshalb sollte jeder, der Hilfe zum Lebensunterhalt bezieht, sich beim Sozialamt genau erkundigen, wieviel er hinzuverdienen darf, ohne dass etwas angerechnet wird. Auf alle Fälle muss er dem Sozialamt seine Einkünfte melden, damit er nicht missbräuchlich Gelder bezieht und diese dann zurückbezahlen muss. Es ist besser gleich auf Beträge zu verzichten, die einem nicht zustehen, als sich diese Beträge zu erschleichen und sie später, mit einem Bußgeld, zurückzahlen zu müssen.

Selbstsständig im Nebenberuf

Eine ganze Reihe der vorgestellten Möglichkeiten, ja die meisten Vorschläge, wie man einen Zusatzverdienst erzielen kann, stellen eine nebenberufliche selbstständige Tätigkeit dar. Deshalb soll auf den nächsten Seiten der Schritt zum nebenberuflichen Unternehmer kurz dargestellt werden.

Selbstständig als Freiberufler

Es ist wichtig für Sie, ob Sie als Freiberufler oder als Gewerbetreibender Ihren Zusatzverdienst erzielen, denn Freiberufler sind grundsätzlich von der Gewerbesteuer befreit und können ihren Buchhaltungspflichten mittels der einfachen Einnahmen-Überschussrechnung nachkommen (dazu später mehr). Freiberufler brauchen ihre Tätigkeit nicht beim Gewerbeamt anzumelden. Es reicht aus, wenn sie ihre Tätigkeit beim Finanzamt anzeigen. Überprüfen Sie, ob die Nebentätigkeit, die Sie ausüben, eventuell den freien Berufen zuzurechnen ist: Ärzte, Heilpraktiker, Masseure, Physiotherapeuten, Hebammen, Diplom-Psychologen, Mitglieder der Rechtsanwaltskammern, Patentanwälte, Wirtschaftsprüfer, Steuerberater, Steuerbevollmächtigte, Architekten, beratende Volkswirte und Betriebswirte, vereidigte Buchprüfer und Revisoren, Ingenieure, Handelschemiker, Lotsen, hauptberufliche Sachverständige, Journalisten und Bildberichterstatter, Dolmetscher, Übersetzer und ähnliche Berufe, Wissenschaftler und Künstler, Schriftsteller, Lehrer und Erzieher.

Selbstständig als Gewerbetreibender

Üben Sie eine andere selbstständige Tätigkeit aus, so sind Sie Gewerbetreibender und müssen das Gewerbe beim Gewerbeamt anmelden. Prüfen Sie, ob Sie mit Ihrer Tätigkeit nicht allzu sehr in Handwerksnähe kommen. Die Handwerker achten eifersüchtig darüber, dass niemand in ihre Domäne einbricht, der nicht ausdrücklich dazu befugt ist. Schnell hagelt es dann Abmahnungen. Vorsicht geboten ist bei allen Dienstleistungen, wie beispielsweise bei mobilen Friseuren. Auch bei der Reinigung als Dienstleistung muss man Vorsicht walten lassen, denn schnell wird man zum Gebäudereiniger befördert und hat dann nicht die erforderliche Qualifikation. Es würde zu weit führen, hier die 125 Handwerke und 40 handwerksähnlichen Betriebe aufzuführen. Erkundigen Sie sich bei der IHK, ob Sie mit Ihrer Tätigkeit Schwierigkeiten mit der Handwerkskammer bekommen könnten.

Die Anmeldung beim Gewerbeamt kann schon vor Aufnahme der Tätigkeit erfolgen, spätestens mit Aufnahme der Tätigkeit muss sie erfolgt sein. Zur persönlichen Anmeldung ist lediglich der Personalausweis oder der Reisepass vorzulegen. Dann erhält man die Bestätigung der Gewerbeanmeldung sofort, spätestens aber innerhalb von drei Tagen. Eine Durchschrift der Gewerbeanmeldung leitet das Gewerbeamt an Finanzamt, Industrie- und Handelskammer, Handwerkskammer, Berufsgenossenschaft, Gewerbeaufsichtsamt, Eichamt und an das Statistische Landesamt weiter. Die Kosten für die Gewerbeanmeldung sind in den Kommunen unterschiedlich hoch. Durchschnittlich kostet sie um 25 Euro. Die Ämter melden sich dann bei Ihnen, wenn Sie irgendwelche Pflichten Ihnen gegenüber haben, beispielsweise das Finanzamt. Dazu gleich mehr.

Erlaubnispflichtige Gewerbe

Bei bestimmten Gewerben ist es erforderlich, vor dem Start eine Erlaubnis einzuholen. Dies geschieht in der Regel bei der Stadtverwaltung in kreisfreien Städten oder beim Landratsamt. Erlaubnispflichtig sind:

- die Herstellung von Arzneimitteln, der Handel mit Waffen, die Abgabe von nicht verkaufsfertig verpackter Milch und Pflanzenschutzmitteln, der Tierhandel, die Tätigkeit als Makler (Immobilien, Kapital und Vermögensanlagen). Bei diesen Gewerben wird die persönliche Zuverlässigkeit sowie das Vorliegen geordneter Vermögensverhältnisse geprüft.

- der Personenverkehr mit Mietwagen oder Taxi (kontingentierte Lizenz erforderlich), der gewerbliche Güternahverkehr mit Lkw und einer Nutzlast von mehr als 3,5 Tonnen, der Umzugsverkehr, bei Einsatz von Lkw unter 3,5 Tonnen Nutzlast ist eine Bescheinigung über die Erfüllung der Voraussetzungen für den Zugang zum Beruf des Güterkraftverkehrsunternehmers beizubringen. Für den Güterfernverkehr ist zudem eine kontingentierte Erlaubnis erforderlich. Hier werden die persönliche Zuverlässigkeit des Antragstellers und die wirtschaftliche Leistungsfähigkeit des Betriebs überprüft. Außerdem ist eine Fachkundeprüfung vor der IHK abzulegen.

- der Betrieb einer Schank- oder Speisewirtschaft oder von Beherbergungsbetrieben dann, wenn Sie mehr als acht Gäste gleichzeitig beherbergen können. Pflicht ist hier die Teilnahme an einem Unterrichtungsverfahren bei der IHK, in dem lebensmittel- und hygienerechtliche Vorschriften unterrichtet werden.

- das Reisegewerbe. Hier muss man eine Reisegewerbekarte erwerben. Lediglich Handelsvertreter, deren Kunden Selbständige sind, brauchen diese Karte nicht. Voraussetzung zur Erteilung ist die persönliche Zuverlässigkeit, der Antragsteller darf nicht wegen Verbrechen oder bestimmter Vergehen vorbestraft sein.
- Versteigerungsgewerbe, Bewachungsgewerbe, Pfandleiher, Spielhallen und Spielautomaten, Alten- und Pflegeheime und Fahrschulen.
- Handwerksbetriebe.

Gehen wir einmal davon aus, dass es Gründe gibt, die es nicht zulassen, dass Sie persönlich ein Gewerbe anmelden und damit Gewinne in größerem Umfang erzielen. Es kann ja durchaus sein, dass Ihr Arbeitgeber etwas dagegen haben darf, wenn Sie einen Gewerbebetrieb eröffnen. Er kann allerdings nichts dagegen haben, dass Ihr Lebenspartner oder die Lebenspartnerin ein Unternehmen gründet. Abgesehen davon, dass es durchaus Spaß machen kann, mit seinem Lebenspartner zusammen eine anstehende Aufgabe auch finanziell zu bewältigen, dürfen Sie Ihrer Ehefrau auch einige Arbeiten abnehmen, wie beispielsweise die Buchführung machen, Korrespondenz erledigen, das Warenlager betreuen. Das können Sie, wenn Sie es möchten, auch unentgeltlich tun.

Zusatzverdienste und das Finanzamt

Die Einkommensteuer

Alle Einkünfte unterliegen der steuerlichen Behandlung, das heißt, Sie müssen Steuern bezahlen. Dabei sind Sie verpflichtet, Ihre Einkünfte in der Einkommensteuererklärung wahrheitsgemäß anzugeben. Beschäftigungen bis zu 325 Euro sind steuerfrei. Sie beantragen beim Finanzamt eine Freistellungsbescheinigung, wenn keine anderen Einkünfte zu berücksichtigen sind.

Hinzu kommen die Einkünfte aus freiberuflicher Tätigkeit oder die Einkünfte aus einem Gewerbebetrieb. Hier geben Sie nicht die Einnahmen an, sondern den Gewinn. Sie ziehen also von allen Einnahmen die Ausgaben ab, die mit der freiberuflichen Tätigkeit oder der Leistungserbringung im Gewerbe im Zusammenhang stehen. Dazu zählen: Arbeitslohn für Mitarbeiter, Arbeitsmittel, Arbeitszimmer in der Wohnung oder Raummiete, Autokosten, Beiträge zum Berufsverband, Berufskleidung, Bewirtungskosten, Büroausstattung, evtl. doppelte Haushaltsführung, Fachliteratur, Fortbildung, Gründungskosten, Rechtsberatung, Reisekosten, Schuldzinsen, wenn sie im Zusammenhang

Zusatzverdienste und das Finanzamt

mit betrieblichen Ausgaben stehen, Steuerberatungskosten, Steuern und Abgaben, Telefon-, Porto- und Versandkosten, Versicherungen im Zusammenhang mit dem Gewerbebetrieb, Werbung.

Sind die Einnahmen höher als die Ausgaben, so freuen Sie sich – und das Finanzamt freut sich auch. Zu Beginn einer selbstständigen Tätigkeit kann es aber auch vorkommen, dass die Ausgaben höher sind als die Einnahmen. Das kann sein, weil Sie sehr viel für Startwerbung ausgegeben haben und trotzdem noch nicht viele Kunden werben konnten oder weil Sie hohe Investitonskosten hatten und diese, wenn Sie mehr als 800 DM gekostet haben, erst über mehrere Jahre hinweg im Rahmen der AfA abschreiben, also als Ausgaben geltend machen, können. In diesem Fall mindern die Verluste aus selbstständiger Tätigkeit die Steuerlast aus abhängiger Beschäftigung, und Sie können mit einer Steuererstattung rechnen.

Wichtig ist für das Finanzamt, dass es deutlich eine Gewinnerzielungsabsicht erkennen kann. Reihen sich die Verluste Jahr um Jahr, so wird das Finanzamt Ihre Tätigkeit als Hobby einstufen und nicht als freiberufliche oder gewerbliche Tätigkeit.

Die Höhe des Gewinns bestimmt, wie hoch Ihre Steuerlast sein wird. Bezahlen Sie Ihre Kinder, wenn sie bei Ihnen in den Ferien helfen. Dies mindert den Gewinn, und die Kinder haben ihr Taschengeld. Durch den verminderten Gewinn bezahlen Sie natürlich weniger Steuern, was Ihnen wahrscheinlich durchaus entgegenkommt.

Die Umsatzsteuer

Sie haben als Gewerbetreibender die Möglichkeit, zur Mehrwertsteuer zu optieren. An diese Entscheidung sind Sie allerdings fünf Jahre lang gebunden. Das heißt, Sie dürfen auf Ihre Leistungen den jeweils gültigen Mehrwertsteuersatz aufschlagen und einnehmen. Diese eingenommenen Beträge müssen Sie aber im Rahmen der Umsatzsteuererklärung an das Finanzamt weitergeben, nachdem Sie zuvor die von Ihnen an andere Unternehmen bezahlte Umsatzsteuer abgezogen haben. Wenn Sie so verfahren, dann weisen Sie die Umsatzsteuer auch in Ihrer Einnahmen-Überschussrechnung gesondert aus. Beim Finanzamt wird man von Ihnen anfangs eine vierteljährliche Umsatzsteuervorauszahlung verlangen. Dann müssen Sie jeweils 15 Tage nach Quartalsende dem Finanzamt auf einem Formular die Höhe Ihrer Einnahmen, die darauf eingenommene Umsatzsteuer und die an andere Unternehmen gezahlte Umsatzsteuer bekanntgeben und den Überschuss an eingenommener Umsatzsteuer entrichten. Ein negativer Saldo (wenn Sie mehr Umsatzsteuer eingenommen als ausgegeben haben) wird Ihnen auf das folgende Quartal vorgetragen. Am Jahresende folgt dann die endgültige Abrechnung. Ist die quartalsmäßige Umsatzsteuerzahlung so gering, dass sie den Verwaltungsaufwand nicht lohnt, dann brauchen Sie nur einmal jährlich abzurechnen.

Achtung Gewerbesteuer!

Wahrscheinlich wird es in den ersten Jahren noch nicht dazu kommen, dass Sie zur Gewerbesteuer veranlagt werden. Trotzdem sollten Sie wissen, dass es hier eine Grenze von 24.000 Euro Gewinn pro Jahr gibt. Erreichen Sie diese, dann werden Sie gewerbesteuerpflichtig. Die Gewerbesteuer ist eine kommunale Steuer und in verschiedenen Kommunen unterschiedlich hoch.

Es gibt einige ganz legale Möglichkeiten, diese zusätzliche Belastung zu umgehen. Dies sollten Sie auf alle Fälle mit Ihrem Steuerberater besprechen. Hier nur allgemeine Hinweise.

- Wenn Sie anhand Ihrer Aufzeichnungen merken, dass Sie diese Grenze möglicherweise überschreiten könnten, dann reicht es manchmal aus, die Rechnungen im Dezember so zu stellen, dass der Zahlungseingang Ihres Kunden erst im Januar des Folgejahrs eingeht. Da Sie bei der Einnahmen-Überschussrechnung nur Geldeingänge und Geldabgänge protokollieren, spielt der Zeitpunkt der Leistungserbringung keine Rolle, die 24.000 Euro-Grenze wurde nicht überschritten, und Sie sparen die Gewerbesteuer.

- In einem ähnlichen Fall könnten Sie die ohnehin geplante Investition in ein neues Notebook vorziehen. 4000 Euro soll es kosten. Dann schmälern 500 Euro Abschreibung für ein halbes Jahr und die gezahlte Umsatzsteuer in der Höhe von 640 Euro den Gewinn. Vielleicht reicht es nun, die magische Grenze zu unterschreiten?

- Niemand kann es Ihnen verwehren, statt eines Unternehmens zwei Unternehmen zu führen. Wenn Sie eine sinnvolle Aufspaltung vornehmen können, dann sollten Sie das tun. Für 45.000 Euro Gewinn bei einem Betrieb zahlen Sie beispielsweise 2.950 Euro Gewerbesteuer an die Kommune. Für je 22.250 Euro Gewinn bei zwei Betrieben bezahlen Sie 0 Euro Gewerbesteuer. Und es ist völlig legal, zwei Unternehmen zu betreiben.

Abschreibungen

Langlebige Wirtschaftsgüter, wie beispielsweise eine Computeranlage, werden über die gesamte Nutzungsdauer hinweg abgeschrieben, wenn der Kaufpreis 400 Euro zuzüglich der Umsatzsteuer übersteigt. Wirtschaftsgüter, die im Kaufpreis unter 400 Euro liegen, können schon im Jahr der Anschaffung voll als Betriebsausgabe angesehen werden. Deshalb ist es günstig, wenn der Drucker 390,25 Euro kostet, der Monitor ebenfalls nicht mehr als 400 Euro. Die Zentraleinheit muss allerdings, weil sie in der Regel teurer ist als 400 Euro, über vier Jahre hinweg, das ist die betriebsübliche Nutzungsdauer, die das Finanzamt festlegt, abgeschrieben werden. Damit Zentraleinheit und Monitor nicht als Einheit angesehen werden, sollte der Kauf in zeitlichem Abstand voneinander erfolgen und auf getrennten Rechnungen ausgewiesen sein. So mindern Drucker und Monitor den Gewinn mit vollem Kaufpreis.

Bei sehr teuren und sehr langlebigen Investitionen sollten Sie sich von Ihrem Steuerberater sagen lassen, was es mit der degressiven Abschreibung und späterem Wechsel der Abschreibung des Restwerts auf die lineare Abschreibungsmethode auf sich hat. Dies entlastet Sie in den ersten Jahren entscheidend.

Bei beweglichen Gütern, wie beispielsweise einem Lkw oder Pkw, können Sie auch die Leistungsabschreibung wählen. Nimmt man für einen Lkw eine Gesamtkilometerleistung von 500.000 Kilometern an, und schon im ersten Jahr fahren Sie 250.000 Kilometer, so können Sie in diesem Jahr auch 50 % absetzen.

Wenn Sie Gegenstände aus dem Privatbesitz nun betrieblich nutzen, wie es auf den Schreibtisch, das Bücherregal, den Aktenschrank zutrifft, so können Sie diese Güter umwidmen, dem Betrieb zuordnen und den Gebrauchtwert ebenfalls abschreiben. So kann ein Schreibtisch (Neuwert 750 Euro), gebraucht ja 375 Euro wert sein (Wiederbeschaffungswert), der Sessel (Neuwert 600 Euro) noch 300 Euro, das Regal (Neuwert 500 Euro) noch 250 Euro. Damit können Sie diese Gegenstände nach der Umwidmung im ersten Jahr abschreiben, den Gewinn um 600 Euro mindern und die dafür anfallenden Steuern sparen.

Die Einnahmen-Überschussrechnung

Das Finanzamt verlangt von Ihnen die sorgfältige Aufzeichnung der Geschäftsvorfälle. Für Freiberufler reicht dafür die Einnahmen-Überschussrechnung aus, ebenfalls dann, wenn Sie als Einzelunternehmer weniger als 24.000 Euro Gewinn pro Jahr erzielen, weniger als 250.000 Euro Umsatz machen oder 62.500 Euro Betriebsvermögen nicht überschreiten. Handelsrechtliche Vorschriften können Sie aber dazu verpflichten, Bücher zu führen, beispielsweise dann, wenn Sie eine GmbH gründen, was aber im Nebenerwerb selten der Fall sein wird.

Beschaffen Sie sich einen Ordner, fügen darin einen Stapel von leeren Blättern ein und kleben darauf die Belege für Ihre Einnahmen und Ausgaben, nach dem Datum des Geldeingangs oder des Geldausgangs geordnet. Nummerieren Sie die Belege.

Bei der Umsatzsteuervoranmeldung addieren Sie die Einnahmen des Quartals auf, tragen dazu die eingenommene Umsatzsteuer ein und subtrahieren davon die an andere Unternehmen abgeführte Umsatzsteuer. Diesen Betrag müssen Sie an das Finanzamt abführen. Die erforderlichen Formulare schickt Ihnen das Finanzamt zu.

Geschäfts- und Arbeitsräume

Natürlich benötigen Sie, wenn Sie Ihr eigenes Unternehmen haben, auch Geschäfts- und Arbeitsräume. Vielleicht haben Sie sich auch schon überlegt, beispielsweise das ehemalige Kinderzimmer und einen der beiden Kellerräume gewerblich zu nutzen.

Das bringt überhaupt keine Schwierigkeiten, wenn Sie in einem Gebiet wohnen, das eine gemischte Nutzung zulässt. Dann können Sie jederzeit Kunden empfangen, Lieferungen ab Lkw entgegennehmen. Kein Nachbar und kein Mitbewohner kann dann etwas dagegen haben, wenn der Hauseigentümer (falls Sie zur Miete wohnen) damit einverstanden ist. Wohnen Sie im eigenen Haus, spielt auch das keine Rolle. In diesen Fällen dürfen Sie auch am Haus oder an der Grundstückseinzäunung ein Schild anbringen, das auf Ihr Unternehmen hinweist, beispielsweise dann, wenn Sie Ihre Fußpflegepraxis im ehemaligen Kinderzimmer einrichten.

Anders ist es, wenn Sie in einem reinen Wohngebiet wohnen. Dann können sich Nachbarn in einem Mietshaus über den regen Publikumsverkehr beschweren, und Sie dürfen in diesem Fall am Haus auch kein Geschäftsschild anbringen. Nichts einzuwenden ist allerdings, wenn Sie das ehemalige Kinderzimmer als Büro für Ihr Lektorat benutzen und im Keller die schriftlichen Unterlagen verwahren, die Sie im Augenblick nicht benötigen.

Viel Ärger bringt das häusliche Arbeitszimmer bei der steuerlichen Behandlung. Hier müssen Sie strikt zwischen betrieblicher und privater Nutzung unterscheiden. Am einfachsten ist es, wenn Sie das Arbeitszimmer ausschließlich betrieblich nutzen und das Arbeitszimmer den Mittelpunkt der gesamten beruflichen oder gewerblichen Tätigkeit darstellt. Dann können Sie die Kosten zu 100 % vom Gewinn abziehen. Wird das Arbeitszimmer nur zu 50 % betrieblich genutzt, können maximal 2.400 DM gewinnmindernd angerechnet werden. Zu den Kosten des Arbeitszimmers gehören selbstverständlich auch die Einrichtung, die Reinigung und die Heizung. Dabei spielt es keine Rolle, ob Sie sich einen teuren oder preisgünstigen Schreibtisch leisten, auf einem Küchenstuhl oder in einem teuren Chefsessel am Computer sitzen. Teure Bilder oder Plastiken können Sie aber nur dann als Ausstattung des Arbeitszimmers geltend machen, wenn Sie glaubhaft machen können, dass Sie häufig Besuch empfangen und das Zimmer deshalb repräsentativ eingerichtet sein muss.

Sollte das Arbeitszimmer einmal geprüft werden, dann sollten sich Klavier, Fernseher und Videorekorder nicht im Zimmer befinden, denn das würde ja auf private Nutzung hindeuten.

Versicherungen und Sozialabgaben

Wenn Sie Ihre Nebentätigkeit als Arbeitnehmer ausüben, dann muss dieses Thema Sie nicht bekümmern. Je nach Art und Umfang der Tätigkeit führt der Arbeitgeber Lohnsteuer, Sozialabgaben für Sie ab. Auch über eine Haftpflichtversicherung brauchen Sie nicht nachzudenken, denn wenn Ihnen einmal ein Missgeschick unterläuft, dann kann nur der Arbeitgeber dafür haftbar gemacht werden.

Sind Sie Arbeitnehmer, dann wird für die finanzielle Absicherung über die Rentenversicherung gesorgt, auch wenn Sie nebenher selbstständig tätig sind. Es kann aber nicht schaden, selbst etwas für die Alterssicherung zu unternehmen.

Je nach Art der Tätigkeit, die Sie ausüben, wird auch die Berufsgenossenschaft auf Sie zukommen und Beiträge verlangen. Auch als Selbständiger können Sie der Berufsgenossenschaft beitreten, wenn Sie Arbeitnehmer beschäftigen, dann ist der Beitritt ein Muss. Die Leistungen der Berufsgenossenschaften sind nicht zu unterschätzen, wenn Sie sich beispielsweise bei der Ausübung der Tätigkeit so verletzen, dass Sie arbeitsunfähig werden.

Haftpflichtversicherung

Es ist sehr von der Art Ihrer Tätigkeit abhängig, ob Sie eine Betriebshaftpflichtversicherung abschließen. Allerdings ist es anzuraten, eine solche immer dann abzuschließen, sobald Sie Ihre Tätigkeit an einem Menschen verrichten oder mit Hab und Gut anderer Menschen umgehen. Ganz gleich ob Ihnen der Kanarienvogel Ihres Kunden entfliegt oder Sie versehentlich das Bügeleisen auf einem teuren Seidenhemd stehen lassen: Sie werden zur Behebung des Schadens herangezogen, und das kann teuer werden.

Deshalb ist es immer von Vorteil, sich gegen etwaige Missgeschicke und daraus resultierende Schäden zu versichern. Die Jahresprämien sind in der Regel nicht so hoch, als dass es sich lohnte, daran zu sparen. Tritt einmal ein wirklich hoher Schaden auf, dann kann dies die Gewinne mühseliger Arbeit vernichten, wenn Sie nicht versichert sind.

Vorsicht Falle!

Bei der Auswahl Ihrer Nebentätigkeit sollten Sie sehr vorsichtig sein, denn es gibt eine Reihe von Menschen, die Ihnen phantastische Gewinne mit einem Zusatzverdienst versprechen, es aber in Wirklichkeit lediglich auf Ihre Ersparnisse abgesehen haben. Gehen Sie davon aus, dass Ihr Risiko Geld zu verlieren in dem Maße steigt, in dem die Verdienstversprechungen ins Phantastische steigen. Prüfen Sie deshalb immer, welches Risiko Sie eingehen.

Besonders vorsichtig sollten Sie werden, wenn Sie, um einen Nebenverdienst zu erzielen, Geld mitbringen müssen, um sich ein Warenlager anzulegen. Wissen Sie genau, dass Sie die Waren auch wirklich verkaufen können? Ist garantiert, dass Sie jederzeit aussteigen können und die noch nicht verkauften Waren zurückgenommen werden? Es kann aber auch sein, dass Sie beispielsweise für die Herstellung von einfachen Gegenständen teure Werkzeuge kaufen müssen. Eine Abnahmegarantie der Waren gibt es meist nicht. Wenn doch, dann kann das Unternehmen, das die Garantie gegeben hat, auch ganz schnell von der Bildfläche verschwinden, und Sie haben das Nachsehen. Der Verkauf überteuerter Werkzeuge war in Wirklichkeit der einzige Unternehmenszweck.

Wenn Sie sich auf ein Inserat melden und zu einem „Seminar" eingeladen werden, dann ist ebenfalls Vorsicht angebracht. Oft ist das dann eine reine Show, die da abgezogen wird. Immer wieder gelingt es windigen Geschäftsleuten, Gutgläubigen das Geld aus der Tasche zu ziehen. Als Alarmsignal sollten Sie es ansehen, wenn bei diesem "Seminar" selten vom Produkt die Rede ist, sondern immer nur von unglaublichen Gewinnen. Bei solchen Veranstaltungen sollten Sie
- keinesfalls irgend etwas unterschreiben;
- keinesfalls etwas bezahlen;
- sich keinesfalls von einer begeisterten Umgebung beeinflussen lassen;
- stets rational denken und sich nicht von Emotionen hinreißen lassen.

Wir wünschen Ihnen, dass Sie die richtige Wahl für Ihren Zusatzverdienst treffen und damit den Erfolg haben, den Sie sich erhoffen.

Die Abendsekretärin

Die Idee: Für bestimmte Freiberufler hört der Arbeitstag dann, wenn deren Büromitarbeiterinnen schon Feierabend machen, noch lange nicht auf. So arbeiten beispielsweise Rechtsanwälte, Notare, Ingenieure, Unternehmensberater und Ärzte oft lange in den Abend hinein, weil noch bestimmte Arbeiten zu erledigen sind. Könnten sie auf die Hilfe einer Abendsekretärin zurückgreifen, hätten sie mehr Zeit für die Familie.

Das Angebot: Die Abendsekretärin beginnt mit ihrer Arbeit, wenn die „Tagschicht" Feierabend macht. Sie bietet Rechtsanwälten das Schreiben von Aktennotizen, Briefen und Schriftsätzen an, die den Tag über auf Band diktiert wurden und bringt die Briefe noch zur Post. Sie stellt auch Mandantenakten zusammen, wenn sie Erfahrung in diesem Bereich mitbringt. Sie trägt die Notizen von Ärzten in Patientenkarteikarten ein und schreibt die Arztberichte, Gutachten und Atteste nach Diktat vom Band. Auch steht Sie zur Verfügung, wenn Ingenieure und Architekten schnell noch eine Ausschreibung oder ein Angebot auf den Weg bringen müssen. Die Abendsekretärin erledigt auch die Ablage der Vorgänge, die die regulären Bürokräfte tagsüber nicht mehr schaffen konnten.

Die Voraussetzungen: Die Abendsekretärin beherrscht alle gängigen Textverarbeitungsprogramme, die im allgemeinen auf den Computern installiert sind. Sie kennt Abrechnungsprogramme für die Privatliquidation der Ärzte und weiß auch über die Abrechnung mit den Krankenkassen Bescheid. Sie beherrscht die Fachterminologie mindestens zweier Branchen, damit sie ihr Angebot weiter streuen kann.

Weitere Voraussetzung ist, den Computer sicher und schnell bedienen zu können. Über 400 Anschläge pro Minute beim Diktat vom Band sollten schon erreicht werden können. Rechtschreibsicherheit und Stilsicherheit in der deutschen Sprache sind Voraussetzung, Fremdsprachenkenntnisse sind von Vorteil, wenn auch nicht immer unbedingt notwendig.

Sehr hohen Wert legen die Auftraggeber auf unbedingte Zuverlässigkeit und Verschwiegenheit. Schließlich ist die Abendsekretärin oft allein in den Büroräumen und hat es mit Aufgaben zu tun, die der Geheimhaltungspflicht unterliegen, wie es bei Anwälten und Ärzten der Fall ist.

Das Startkapital: Startkapital benötigt eine Abendsekretärin nicht, denn sie benutzt in der Regel das im Büro des Auftraggebers vorhandene Arbeitsgerät. Lediglich ein Pkw sollte zur Verfügung stehen, damit sie abends schnell noch die Post aufgeben kann und nicht spätabends auf die dann nur seltener verkehrenden öffentlichen Verkehrsmittel angewiesen ist. Außerdem sehen sich Frauen, wenn sie nachts allein auf dem Heimweg sind, häufig unangenehmen Belästigungen ausgesetzt.

Der Lohn: Abendsekretärinnen werden meist, da sie selten eine regelmäßige Arbeitszeit haben, nach Zeit bezahlt. Je nach Qualifikation können die Stundensätze zwischen

7,50 Euro pro Stunde für einfache Ablagetätigkeiten und 15 Euro für die Erstellung anspruchsvoller Texte liegen. 325 Euro-Job ist allerdings auch möglich.

So gewinnen Sie Kunden: Zwar lohnt es sich immer, eine Kleinanzeige bei Stellungsgesuchen zu schalten oder bei den Stellenanzeigen in den Wochenendausgaben der Tageszeitungen nachzusehen, erfolgversprechender für den Aufbau eines Kundenkreises ist aber die persönliche Ansprache von Büros, die den besonderen Kenntnissen und Erfahrungen der Abendsekretärin entsprechen. So könnte beispielsweise eine aktive Bewerbung mit aussagekräftigen Aussagen zu Person und Vorerfahrung mit Angabe von Referenzen schneller zu besseren Ergebnissen führen. Das Angebot kann in schriftlicher Form erfolgen. Sollte keine Reaktion erfolgen, dann lohnt sich eine telefonische Nachfrage. Oft reicht es schon, die Adresse und Telefonnummer „mal für den Fall der Fälle" zu hinterlassen. Der Fall tritt dann oft schon sehr schnell ein.

Tipp: Wird der Kundenstamm größer, und Sie haben auch zu Hause Computer, Drucker und die entsprechenden Programme, dann könnten Sie sich die Arbeit auch ins Haus bringen lassen. In diesem Fall könnten Sie auch allgemeine Schreibdienste anbieten.

Sind Sie an einer neuen Dauerstellung mehr interessiert als an einem Nebenverdienst, dann kann das – bei entsprechender Eignung – die Chance sein, dass eine Abendsekretärin auf Dauer in die „Tagschicht" wechselt.

Auf einen Blick

Voraussetzungen: Sekretariatserfahrung, Kenntnis der gebräuchlichsten Textverarbeitungsprogramme

Startkapital: keines

Lohn: Stundenlohn ab 7,50 Euro je nach Qualifikation oder 325 Euro-Job

Besonders geeignet für: Sekretärinnen, junge Mütter, die am Abend ihre Kinder nicht beaufsichtigen müssen

---

Adressen handgeschrieben

Die Idee: Wenn Sie an Ihren Briefkasten gehen, so werden Sie mehrmals wöchentlich Mailings, also Werbebriefe von Unternehmen darin vorfinden, die Ihnen etwas verkaufen wollen. Diese Mailings sind in der Regel alle sehr ähnlich aufgemacht. Schon der Briefumschlag ist sehr reißerisch mit dem tollsten Sonderangebot, das Sie sich nur vorstellen können, bedruckt. Sie wissen Bescheid, und sehr häufig landen solche Briefe ungeöffnet im Papiermüll. Das ist aber nicht im Sinn des Absenders. Handgeschriebene Briefe finden viel eher Ihre Aufmerksamkeit, und selbst wenn nur die Adresse mit der

Adressen handgeschrieben

Hand geschrieben wurde, so ist die Wahrscheinlichkeit höher, dass er überhaupt geöffnet wird. Das ist Ihre Chance für einen Zusatzverdienst, wenn Sie die Adressen handschriftlich auf den Umschlag bringen.

Die Voraussetzungen: Sie benötigen für diesen Zusatzverdienst lediglich eine sehr saubere Handschrift und etwas Überzeugungsgeschick für die Kundenakquise. Außerdem wäre es sehr günstig, wenn Sie für Großaufträge Hilfskräfte zur Verfügung hätten.

Das Angebot: Sie bieten Unternehmen, die regelmäßig ihren Kunden schreiben, an, die entsprechenden Umschläge wegen des größeren Aufmerksamkeitswertes handschriftlich zu beschriften. Dies gilt nicht nur für Werbebriefe, sondern auch für Grüße zu Weihnachten und zum Jahreswechsel, für Einladungen zu größeren Veranstaltungen wie Ausstellungen und Messen.

So wird's gemacht: Angenommen, Sie schreiben die Adressen für die Weihnachtspost eines Unternehmens. Dann erhalten Sie, meist vom Chefsekretariat, die Liste der Personen, die angeschrieben werden sollen, samt der zugehörigen Adresse. Außerdem werden die Grußkarten und die Umschläge zur Verfügung gestellt. Zusätzlich erhalten Sie Sonderbriefmarken, mit denen Sie die Briefe frankieren, bevor Sie diese zur Post bringen.

Nachdem Sie die Adressen feinsäuberlich auf den Umschlag geschrieben haben, werden die Grußkarten eingeschoben und die Briefmarken aufgeklebt. Ab geht die Post!

Bei Werbebriefen erhalten Sie lediglich die Umschläge und die Freimarken, denn die Werbebriefe werden von einem Lettershop maschinell in die Umschläge gefüllt. Hier müssen Sie darauf achten, dass die Adressen in einer genau vorgegebenen Reihenfolge geschrieben und nach Postleitzahlen sortiert werden. Bei großen Mengen kann so das Porto gesenkt werden.

Haben Sie Helfer, so können Sie sich die Adressen diktieren lassen.

Die Startkosten: Ein guter Füllfederhalter reicht für den Start. Aber den haben Sie wahrscheinlich schon. Ansonsten benötigen Sie keine Anschaffungen.

Der Lohn: Für jede geschriebene Adresse können Sie mit 0,10 Euro bis 0,15 Euro rechnen. Wenn Sie sehr schnell schreiben, dann können Sie damit auf einen Stundenverdienst von bis zu 12,50 Euro kommen.

So gewinnen Sie Kunden: Ihr Ansprechpartner in den Unternehmen, für die Sie die Umschläge beispielsweise für die Weihnachtspost oder für Einladungen schreiben, ist in der Regel die Chefsekretärin, die die Arbeiten ansonsten an einen Lettershop vergeben würde. Hier wird von Ihnen Verhandlungsgeschick gefordert, um zunächst die Sekretärin und dann den Chef von den Vorteilen Ihrer Dienstleistung zu überzeugen. Gehen Sie die Sache rechtzeitig an, denn sonst hat man anderweitig disponiert. Wegen der Weihnachtspost sollten Sie schon im September vorstellig werden.

Wenden Sie sich mit Ihrem Dienstleistungsangebot auch an Werbeagenturen, denn die erledigen diese Aufgaben oft für größere Unternehmen. Werbeagenturen sind auch dann Ihr Ansprechpartner, wenn Sie ein ganzes Mailing per Hand adressieren wollen.

Auch Lettershops und Listbroker sind Ihre Ansprechpartner. Die haben gute Kontakte zu Werbeagenturen und zu Vertriebs- und Werbeabteilungen in den Unternehmen und können Ihr Angebot weiterleiten.

Tipp: Es lohnt sich, auch bei Freiberuflern anzufragen, denn deren Schreibkräfte, die ansonsten das Adressenschreiben erledigen müssten, können so ihrer üblichen Arbeit nachkommen.

Auf einen Blick

Voraussetzungen: gute Handschrift und viel Ausdauer

Startkapital: keines

Lohn: bis zu 12,50 Euro je Stunde

Besonders geeignet für: auch für Schüler und Studenten

Besonderheiten: keine

Das Aktmodell

Die Idee: Nein, dieser Nebenverdienst ist weder unmoralisch noch unehrenhaft. Und keinesfalls hat er auch nur im entferntesten mit Pornographie zu tun. Ernsthafte Fotografen und Künstler suchen immer wieder nach Modellen, auch Aktmodellen. Das Gleiche gilt für Malklassen an Kunsthochschulen und an der VHS. Vielleicht könnten auch Sie Ihren Körper als Malvorlage anbieten.

Die Voraussetzungen: Einzige Voraussetzung ist, dass Sie keine Hemmungen haben, Ihren Körper zu zeigen. Ihr Alter spielt nicht unbedingt eine Rolle und auch nicht, ob Sie Frau oder Mann sind. Wenn Sie glauben, Sie müssten für diese Arbeit einen perfekten Körper haben, dann irren Sie sich. Schließlich kommt es – gerade an Kunsthochschulen – eher darauf an, dass die Schüler ihr Modell so exakt wie möglich nach-

Das Aktmodell

bilden. Dabei spielt es keine Rolle, ob das Model über Traummaße verfügt oder nicht. Viel wichtiger ist es dagegen, dass Sie als Aktmodell so souverän auftreten, dass bei denjenigen Malschülern, die zum ersten Mal Akt zeichnen, keine Scheu aufkommt.

Das Angebot: Wenn Ihr Körper den Anforderungen, die der Künstler stellt, entspricht, kommen Sie ins Atelier oder in die Malklasse und sitzen, stehen oder liegen in verschiedenen Posen.

So wird's gemacht: Um es vorweg noch einmal zu betonen: Diejenigen, vor denen Sie sich ganz oder teilweise entblößt zeigen, sind keine Voyeure. Sie haben rein künstlerisches Interesse an Ihrem Körper.

Vor der Sitzung entkleiden Sie sich und ziehen einen Bademantel über. Wenn Sie vor einer Malklasse, beispielsweise in der Volkshochschule, posieren, dann sollten Sie am besten mit den Malschülern zusammen den Raum betreten. Im übrigen haben die Kunstlehrer und Professoren so viel Erfahrung, dass sie keinerlei Peinlichkeiten aufkommen lassen.

Sie werden gebeten, bestimmte Posen einzunehmen und bleiben über eine kurze Zeit hinweg, meist etwa 10 bis 20 Minuten, relativ reglos. Das bedeutet aber nicht, dass Sie zur Salzsäule erstarren müssen. Kleine Regungen stören den Malschüler oder den Künstler nicht. Zwischen einzelnen Posen ziehen Sie sich wieder den Mantel über, um sich ein wenig aufzuwärmen. Bewegen Sie sich in den Pausen, damit Ihr Kreislauf in Bewegung kommt. Schon bald müssen Sie wieder still sitzen, stehen oder liegen.

Nach zwei Stunden ist Ihr Job beendet. Interessieren Sie sich, wenn Sie möchten, für die Ergebnisse. Gehen Sie dabei taktvoll um, denn Anfänger haben oft sehr viele Hemmungen, ihre Arbeiten anderen zu zeigen. Je ungezwungener Sie sich geben können, um so besser scheint auch Ihre Persönlichkeit durch die nackte Haut. Und das ist es, was Künstler – auch angehende – suchen. Modelle mit Ausstrahlung werden immer wieder eingeladen zu posieren.

Die Startkosten: keine

Honorar: Das Stundenhonorar ist selten sehr üppig und abhängig vom Etat, den die Volkshochschule oder die Universität für Modelle zur Verfügung hat. Je Stunde können Sie zwischen 10 und 15 Euro erwarten.

Bei Kunstmalern und besonders bei Fotografen kann das Honorar höher liegen.

So gewinnen Sie Kunden: Sehen Sie am „Schwarzen Brett" der Kunstakademie nach, ob ein Modell gesucht wird. Sprechen Sie im Sekretariat der Kunstakademie vor und hinterlassen Sie Ihre Visitenkarte und ein Aktfoto für die Dozenten, die Aktmalerei unterrichten.

Wenn Sie selbst Inserate aufgeben, heben Sie sich deutlich von der „Konkurrenz" ab, der es weniger um Kunst geht.

Tipp: Wenn Sie sich auf eine Anzeige „Aktmodell gesucht" melden wollen, dann sollten Sie sich immer in Begleitung vorstellen und sich von der Seriosität des Inserenten überzeugen. Haben Sie nur den geringsten Zweifel, dass etwas nicht so sein wird, wie Sie es sich vorstellen, dann lassen Sie den Job lieber sausen. Je höher das Stundenhonorar ist, um so größer auch die Wahrscheinlichkeit, dass die Posen mit Kunst wenig zu tun haben.

Auf einen Blick

Voraussetzungen: Selbstvertrauen, Ausstrahlung

Startkapital: keines

Honorar: Stundenhonorar ab 10 Euro

Der Alleinunterhalter

Die Idee: Es gibt immer einen Anlass, um zu feiern, ganz gleich, ob es sich hierbei um eine Hochzeit, einen runden Geburtstag, ein Betriebsfest oder etwas anderes handelt. Doch ohne Musik wird eine Trauerveranstaltung daraus. Hier können Sie als Alleinunterhalter einen Zusatzverdienst erzielen.

Die Voraussetzungen: Sie sind eine Stimmungskanone, beherrschen nicht nur Klavier oder Keyboard perfekt, sondern Sie können auch singen und verstehen es, eine ganze Gesellschaft schnell in gute Laune zu bringen. Das ist es nämlich, was die Auftraggeber am meisten von Ihnen erwarten.

Das Angebot: Wie es der Name schon sagt, der Alleinunterhalter bietet an, entsprechend dem gegebenen Anlass durch sein Zutun einer Veranstaltung den besonderen Pfiff zu geben, den Gästen musikalische Unterhaltung zu bieten. Kann der Alleinunterhalter mit Zauberkunststückchen aufwarten, kann er eine fröhliche Runde mit interessanten und amüsanten Gesellschaftsspielen unterhalten, kann er kabarettistische Einlagen anbieten (beispielsweise Pantomimen), so ist dies in jedem Fall ein Pluspunkt für ihn.

So wird's gemacht: Als Alleinunterhalter werden Sie von Ihrem Auftraggeber angesprochen und verabreden sich daraufhin mit ihm zu einem Vorgespräch. Bei diesem Gespräch erfahren Sie den Grund der Feier, den Veranstaltungsort und die dortigen Bedingungen, die Zeit und auch den finanziellen Rahmen, den er für die Feier zur Verfügung

Der Alleinunterhalter

hat. Entsprechend unterbreiten Sie dem Gastgeber verschiedene Programmabläufe. Das kann von der relativ unaufdringlichen und leisen Untermalung bis zum Entertainment und zur Moderation über den ganzen Veranstaltungszeitraum hinweg reichen.
Als Gesangskünstler, der sich auf dem Instrument selbst begleitet, sollten Sie sowohl deutschsprachige als auch fremdsprachige Hits und Evergreens in Ihrem Repertoire haben. Je höher das Durchschnittsalter der Gäste, um so beliebter werden Evergreens und Instrumentals sein.

Als Magier, Clown oder Pantomime sollten Sie jeweils ein etwa 30minütiges Programm anbieten können. Versuchen Sie Ihr Publikum in Ihr Programm als Assistenz oder als „Zauberlehrling" einzubinden.

Dies und alles weitere sprechen Sie genau mit Ihrem Auftraggeber ab und besichtigen danach die Örtlichkeiten, in denen die Feier stattfinden soll. Sie überprüfen, ob Sie besondere Lichteffekte aufbauen können, wo Sie am besten Ihr Instrument plazieren, ob die elektrischen Anschlüsse für Gesangsanlage, Mischpult und sonstige elektrische Geräte in ausreichender Anzahl vorhanden sind und ob die Kapazität für Ihr Equipment ausreicht, ohne dass alle Sicherungen durchbrennen. Nichts wäre peinlicher als technische Schwierigkeiten während der Veranstaltung. Fertigen Sie unbedingt eine Stückliste für jedes einzelne Teil, das Sie bei der Veranstaltung benötigen.

Am Tag der Veranstaltung bauen Sie Ihr Equipment so rechtzeitig auf, dass Sie eine Stunde vor Beginn mit den Tests fertig sind. In der verbleibenden Stunde machen Sie sich frisch, ziehen sich entsprechend dem Anlass und Ihren Aufgaben um und haben dann noch Zeit für eine Tasse Kaffee.

Die Startkosten: Wahrscheinlich verfügen Sie bereits über das Musikinstrument. Kaufen Sie eine Gesangsanlage mit Lautsprecher, Verstärker, Mischpult und Mikrofon, dann müssen Sie mit etwa 5.000 Euro rechnen. Diese Geräte können Sie aber auch ausleihen. Wahrscheinlich bringen Sie die Ausrüstung in Ihrem Kfz unter. Ansonsten müssten Sie, meist zum günstigen Wochenendtarif, einen Kleintransporter anmieten.

Der Gewinn: Die Höhe der Auftrittsgage hängt auch davon ab, vor welchem Publikum Sie auftreten. Von sozialen Einrichtungen und privaten Auftraggebern sollten Sie um 250 Euro verlangen, bei Feiern von Gemeinde oder Kirchengemeinde dürfen es auch 100 Euro mehr sein. Werden Sie für Betriebsfeste in größerem Rahmen gebucht, kann das Honorar für den Abend auch auf 750 Euro steigen.

So gewinnen Sie Kunden: Anfangs schalten Sie Kleinanzeigen und bieten so Ihre Dienste an. Gleichzeitig sollten Sie Ihr Angebot auch an kleine und mittelständische Unternehmen schicken und anbieten, auf dem Betriebsfest oder dem Betriebsausflug den Abend zu gestalten. An Tourismuszielen kommen auch Tanzcafés in Frage. Ebenfalls können Sie bei der Personenschifffahrt anfragen. Hier werden oft an Samstagen Tanzfahrten veranstaltet.

Halten Sie bei jeder Veranstaltung kleine Werbezettel bereit, auf denen Sie Ihr Repertoire vorstellen und notieren, wie man Sie erreichen kann. Vielleicht wird einer der Gäste Ihr nächster Auftraggeber.

Tipp: Nehmen Sie Kontakt zu anderen Künstlern auf, die gegebenenfalls mit Ihnen zusammen den Abend bestreiten.

Auf einen Blick

Voraussetzungen: Organisationstalent, Musikinstrument, technisches Verständnis, Einfühlungsvermögen, musikalische Begabung und Kreativität

Startkapital: ab 0 Euro bis 5.000 Euro

Honorar: 200 bis 750 Euro je Abend

Autos pflegen

Die Idee: Damit der Zahn der Zeit an Deutschlands „heiligstem Blech" – dem Auto – nicht allzu sehr und vor allen Dingen nicht allzu schnell nagt, ist regelmäßige Autopflege erforderlich. Schließlich ist mit dem Nagen der Zeit nicht nur ein oft erheblicher Wertverlust des Fahrzeugs verbunden, sondern durch regelmäßige Pflege können auch zahlreiche Pannen verhindert werden. Unternehmen und Privatleute haben oft zu wenig Zeit, um diese mühselige Arbeit selbst zu erledigen. Diese Zeit aber bringen Sie auf, um im Nebenberuf für die Autopflege verantwortlich zu zeichnen.

Das Angebot: Der Autopfleger übernimmt die Verantwortung dafür, dass die Fahrzeuge der Auftraggeber nicht nur äußerlich glänzen, sondern auch „unter der Haube" gut in Schuss sind. In regelmäßigen Abständen, ausgerichtet an den Erfordernissen der Autobesitzer, wird der Wagen abgeholt, gründlich gereinigt und einer kurzen Durchsicht unterzogen. Dies beinhaltet die Tankfüllung, Kontrolle von Öl, Kühlwasser und Batterie, die Kontrolle der Reifen und des Reifendrucks. Werden Defizite offensichtlich, werden notwendige Reparaturen nach Rücksprache mit dem Auftraggeber von der Fachwerkstatt durchgeführt.

Autos pflegen

So wird's gemacht: Sie holen das Fahrzeug zum verabredeten Termin beim Besitzer ab. Vorher sollten Sie telefonisch nachfragen, ob das Fahrzeug auch wirklich bereitsteht. Wenn Sie nicht die Voraussetzungen haben, das Fahrzeug auf Ihrem Grundstück zu waschen (Ölabscheider!), fahren Sie damit in eine Waschanlage. Hier reicht die einfache Grundwäsche, gegebenenfalls kommt, der Jahreszeit entsprechend, auch eine Unterbodenwäsche hinzu. Die Motorwäsche sollten Sie in diesem Fall ebenfalls in der Autowaschanlage durchführen lassen. Bei dieser Gelegenheit können Sie auch den Tank füllen und den Reifendruck prüfen und korrigieren, falls das erforderlich ist.

Danach fahren Sie zu Ihrem Arbeitsplatz und unterziehen das Fahrzeug der Durchsicht. Die Bremsen haben Sie schon unterwegs geprüft, nun kommen Ölstand, Kühlflüssigkeit und Batterien an die Reihe. Möglicherweise sind Öl, Kühlflüssigkeit oder destilliertes Wasser nachzufüllen. Das haben Sie jedoch auf Vorrat gelagert. Danach reinigen Sie das Fahrzeug gründlich von innen und – wenn die Voraussetzungen vorliegen – auch von außen. Für die Innenreinigung halten Sie einen saugstarken Staubsauger bereit und reinigen die Kunststoffteile im Wageninneren mit einem speziellen Reinigungsmittel. Vergessen Sie nicht, die Aschenbecher zu leeren, und versprühen Sie abschließend im Wageninneren ein möglichst neutral riechendes Geruch tilgendes Spray. Die Außenreinigung des Fahrzeugs haben Sie schon an der Waschanlage erledigt, falls erforderlich und im Auftrag enthalten, polieren Sie die Lack- und Chromteile. Mühsam ist es, die Politur per Hand vorzunehmen. Im Kfz-Zubehörhandel können Sie geeignete Poliermaschinen erwerben.

Die Voraussetzungen: Wenn Sie nicht eine eigene Werkstatt mit Einrichtung zur Verfügung haben, reicht auch ein entsprechend ausgerüsteter Platz auf Ihrem Grundstück aus. Sie sollten entweder Kfz-Mechaniker sein oder zumindest Erfahrung bei der Autopflege haben. Ein großes Werkzeuglager ist nicht nötig, da Sie in der Regel selbst keine Reparaturen durchführen.

Das Startkapital: Das Startkapital für die Wagenpflege verschlingt kein Vermögen. Das erforderliche Werkzeug haben Sie wahrscheinlich schon zur Verfügung. Lediglich die Poliermaschine schlägt mit etwa 75 Euro zu Buche. Zur Kundengewinnung benötigen Sie noch etwa 75 Euro für die Werbemittel.

Der Lohn: Grundsätzlich setzen Sie Ihrem Auftraggeber die ausgelegten Rechnungsbeträge auf die Rechnung. Ihr Stundenlohn sollte zwischen 7,50 Euro und 12,50 Euro, je nach Art und Umfang der erledigten Arbeit, liegen.

So gewinnen Sie Kunden: Die Kundengewinnung ist wahrscheinlich die schwierigste Aufgabe. Lassen Sie sich Handzettel anfertigen, die Sie, vielleicht bei einem Spaziergang, an der Windschutzscheibe von Fahrzeugen der Mittel- und Oberklasse hinterlassen. Eine weitere Möglichkeit ist, Unternehmen, von denen Sie wissen, dass sie Geschäftswagen unterhalten, einen Werbebrief schreiben, in dem Sie den Umfang und die Vorteile Ihrer Dienstleistung beschreiben.

Tipp: Erledigen Sie keinesfalls Reparaturen, wenn Sie nicht ausgebildeter Kfz-Mechaniker sind und ein Gewerbe angemeldet haben. Ansonsten bekommen Sie sehr bald Ärger mit dem Kfz-Handwerk. In diesem Fall wissen Sie, ist der Abschluss einer Betriebshaftpflicht ein Muss. In Ihrem Angebot können auch TÜV-Vorführungen enthalten sein.

Auf einen Blick

Voraussetzungen: Wenn Sie Autos waschen und Ölwechsel durchführen, Arbeitsfläche

mit Ölabscheider

Startkapital: Wenn eine Grundausstattung an Werkzeug vorhanden ist, nicht wesentlich

mehr als 150 Euro

Lohn: Stundenlohn zwischen 7,50 und 12,50 Euro

Besonders geeignet für: Kfz-Mechaniker und talentierte Techniker

Besonderheiten: Vorsicht, Handwerk!

Baby-Sitter-Agentur

Die Idee: Ob Sommerparties, Geburtstagsfeiern oder Karnevals- und Faschingsfeste, es gibt immer einen guten Grund zu feiern, und die nächste unerwartete Einladung kommt ganz bestimmt. Wohin mit den lieben Kleinen? Auch bei regelmäßiger Abwesenheit von Eltern, beispielsweise bei Kegelabenden, Sportabenden und dergleichen sind die Eltern auf die zuverlässige Betreuung ihrer Kinder angewiesen. Hier können Sie mit einer Baby-Sitter- und Kinderbetreuungs-Agentur helfen.

Das Angebot: Sie bieten Ihren Kunden die sichere und zuverlässige Betreuung von Kindern jeden Alters und das zu jeder Tages- und Nachtzeit, regelmäßig oder ad hoc, kurzfristig und langfristig, zu Hause oder im Hotel. Ausgeführt wird diese Tätigkeit von absolut zuverlässigen und erfahrenen Kinderbetreuern/innen.

Die Voraussetzungen: Es ist von großem Vorteil, wenn Sie Erfahrung im Umgang mit kleinen Kindern haben. Erzieherinnen – vielleicht Lehrerinnen – eignen sich besonders

Baby-Sitter-Agentur

für diese Tätigkeit. Obwohl eine pädagogische Ausbildung nicht zwingend erforderlich ist, ein Gefühl für Menschen benötigen Sie aber immer. Sie brauchen es im Umgang mit den Eltern, den Kindern und – denn diese Nebenverdienst-Idee ist auf Management angelegt – auch im Umgang mit Ihrer „Eingreif-Truppe".

Das Startkapital: Bei dieser Nebenverdienst-Idee benötigen Sie eigentlich nur Telefon, Anrufbeantworter und Schreibtisch. Damit sind schon alle Voraussetzungen für den Start von zu Hause aus gegeben. Dafür liegt die Investitionssumme in den meisten Fällen bei Null. Mehr ausgeben müssen Sie allerdings für die Personalgewinnung und die Werbung. Schließlich sollen Ihre potentiellen Kunden ja von Ihnen und Ihrem Service wissen.

Personalgewinnung: Wenn Kunden Ihren Service in Anspruch nehmen, dann vertrauen sie Ihnen das Wertvollste an, was sie haben: ihre Kinder. Aus diesem Grund genießt die Personalauswahl für Sie höchste Priorität. In dieser Angelegenheit können Sie nicht gründlich und kritisch genug sein. Studieren Sie Arbeitszeugnisse gründlich. Sollte bei Ihnen auch nur die Spur eines Gefühls der Unzuverlässigkeit oder Unehrlichkeit eines Bewerbers aufkommen, so folgen Sie diesem Gefühl. Ein polizeiliches Führungszeugnis sollten Sie zur Voraussetzung machen. Um ganz sicher zu gehen, sollten Sie auch eine Bankauskunft verlangen, denn Ihre Mitarbeiter/innen verrichten ihre Arbeit unbeaufsichtigt in den Privat-räumen Ihrer Kunden. Und bei offenliegenden Wertgegenständen – wer weiß?

Die Angehörigen Ihrer „Task Force" nennen Ihnen die Tage, an denen sie zur Verfügung stehen können und bleiben dann, nach Plan, auch in Bereitschaft. Die Bereitschaft honorieren Sie mit 10 Euro am Abend.

Ihre Kunden werden Ihr kompetentes und vertrauenswürdiges Personal zu schätzen wissen und eher auf die Beaufsichtigung durch Schülerinnen als Babysitter verzichten.

Der Gewinn: Vertrauen ehrt, hat aber auch seinen Preis. Kalkulieren Sie Ihre Preise so, dass Ihnen, nach Abzug aller Kosten, noch 20 Prozent vom Umsatz als Gewinn übrigbleiben. Die Stunde kostet den Kunden je nach Region zwischen 12,50 und 17,50 Euro.

So gewinnen Sie Ihre Kunden: Hier gilt das Wort: Nicht kleckern, sondern klotzen. Machen Sie Ihren Service durch regelmäßige Inserate in den Wochenendausgaben der lokalen Zeitung, Handzettel in die Briefkästen der Haushalte mit Kindern in teureren Wohngegenden, und, wenn Sie es schaffen, durch redaktionelle Presseberichte in Ihrer Zeitung bekannt. Die Empfehlungen zufriedener Kunden tun das ihrige. Sie können Ihre Dienste aber auch in Hotels anbieten, vielleicht sind Spielwarengeschäfte bereit, die Handzettel mit Ihrem Angebot neben der Kasse auszulegen, oder Sie haben die Möglichkeit, in Kindergärten Ihre Telefonnummer zu hinterlegen. Weitere Orte, an denen Sie

Ihr Angebot durch Plakat oder Handzettel bekanntmachen sollten, sind Tanzschulen, Theater- und Konzertkassen.

Tipp: Machen Sie in Ihrer Werbung und auch in den Gesprächen mit Ihren Kunden den Unterschied zwischen Kinderbetreuung, wie man sie von Schülerinnen erwarten darf, und Ihrem Angebot deutlich. Schließen Sie eine Betriebshaftpflicht ab, denn man kann ja nie wissen, ob einer Betreuerin nicht mal ein Missgeschick widerfährt und etwas zu Bruch geht. Erweitern Sie Ihr Angebot auf die Vormittagsbetreuung von Kindern berufstätiger Mütter. Zielgruppe: Lehrerinnen.

Auf einen Blick

Voraussetzungen: Sehr gute Menschenkenntnis, Kontaktfreude, Organisationstalent

Startkapital: 0 Euro (ohne Startwerbung)

Gewinn: ca. 20 bis 25 % vom Umsatz vor Steuern

Besonders geeignet für: Lehrerinnen, Kindergärtnerinnen

Besonderheiten: gute Chancen in Großstädten mit breitem kulturellem Angebot

---

Der Bewerbungs-Berater

Die Idee: Noch nie war es für Berufsanfänger so schwierig wie heute, einen Arbeitsplatz zu bekommen. Auch ältere Arbeitnehmer, die freigesetzt wurden, weil ihr Arbeitgeber seinem Unternehmen eine Schlankheitskur verordnete, bemühen sich verzweifelt um einen neuen Arbeitsplatz. Die Situation ist wirklich schwierig. Bei vielen Stellungssuchenden sind es aber nicht mangelndes fachliches Wissen und fehlende Qualifikation, sondern sie verstehen es einfach nicht, sich schon im Bewerbungsschreiben vorteilhaft zu präsentieren. Einmal sind Rechtschreibfehler im Anschreiben, ein anderes Mal ist der Lebenslauf nicht lückenlos, in wieder anderen Fällen hat der Bewerber ein äußerst unglückliches Foto gewählt, wieder ein anderer Bewerber hat in seinem Bewerbungsschreiben seine Vorzüge zu stark übertrieben und wurde damit unglaubwürdig. Diese und andere Fehler können Sie als Bewerbungsberater vermeiden helfen.

Die Voraussetzungen: Als Bewerbungsberater haben Sie Erfahrung im Personalbereich. Sie können gut formulieren und haben viel Einfühlungsvermögen, denn sehr oft werden Sie mit verzweifelten Menschen in schwierigsten Situationen Kontakt bekommen. Dann müssen Sie die richtige Mischung finden, um einerseits Trost zu spenden, andererseits Mut zu machen.

Das Angebot: Sie bieten Stellungssuchenden Hilfe an, wenn sie sich auf Anzeigen bewerben oder sich „blind" bei Unternehmen bewerben wollen, die im Augenblick keine Suchanzeige aufgegeben haben. Sie helfen bei der Abfassung des Bewerbungsschreibens, des Lebenslaufes, suchen das Bewerbungsfoto aus und bringen alles in eine saubere, fehlerfreie und ansprechende Form. Wird der Bewerber zu einem Vorstellungsgespräch eingeladen, bieten Sie an, ihn auf dieses Gespräch, von dem so viel abhängt, vorzubereiten.

So wird's gemacht: Meldet sich der Stellungssuchende bei Ihnen, so vereinbaren Sie mit ihm einen Termin zum Kennenlernen. Dafür nehmen Sie sich sehr viel Zeit und notieren alle wesentlichen Aussagen, beispielsweise:

- ✓ persönliche Daten
- ✓ schulische Abschlüsse und zusätzliche Qualifikationen
- ✓ bisheriger beruflicher Werdegang
- ✓ bisher gelöste Aufgaben, Tätigkeiten
- ✓ besondere Talente, aber auch Schwächen
- ✓ familiäre Situation
- ✓ private und berufliche Ziele.

Hat der Stellungssuchende bereits klare Vorstellungen darüber, welchen Weg er einschlagen möchte oder hat er bereits Stellenangebote herausgesucht, auf die er sich bewerben möchte, so folgt ein Beratungsgespräch, in dem Sie ihm aus Ihrer Sicht die Aussichten beschreiben, diese Stelle auch zu erhalten. Verfolgt der Stellungssuchende Ziele, die objektiv gesehen für ihn kaum zu erreichen sind, so werden Sie ihm auch das sagen und ihm die Gründe dafür nennen. Er hat nun die Möglichkeit, zusätzliche Qualifikationen zu erwerben oder seine Ansprüche herunterzuschrauben. Oft ist es empfehlenswert, eine Hierarchiestufe unterhalb der Zielvorstellung einzusteigen, weil da die Möglichkeiten zahlreicher sind. Die Treppe hinaufgehen kann man, bei Eignung, immer noch.

Nach diesem Gespräch fertigen Sie anhand der Notizen die Bewerbungsunterlagen an und gehen gemeinsam mit Ihrem Kunden die Unterlagen durch. Der Stellungssuchende muss sich in Ihrer Darstellungsweise wiederfinden können. Ist er mit den Bewerbungsunterlagen, die Sie in einer Bewerbungsmappe zusammengestellt haben, einverstanden, so fertigen Sie das Anschreiben auf eine spezielle Suchanzeige an. Erhält Ihr Klient einen Vorstellungstermin, so können Sie ihn, falls Sie genügend Erfahrung in diesem Bereich haben, auch auf diesen vorbereiten. Rollenspiele und Stärkung des Selbstwertgefühls sind nun wichtig.

Die Startkosten: Startkosten fallen an für Ihre Kleinanzeige, die Sie bei den Stellengesuchen in der Wochenendausgabe größerer Tageszeitungen plazieren. Rechnen Sie mit 15 bis 45 Euro je Anzeige. Haben Sie bereits einen Computer mit Drucker (ca. 1.250 Euro), so fallen keine weiteren Kosten an.

Honorar: Gehen Sie von einem Stundenhonorar zwischen 30 und 45 Euro aus. Allerdings sollten Sie bei Arbeitslosen auch die soziale Komponente berücksichtigen. In diesem Fall sollten Sie pauschal nicht mehr als 75 bis 100 Euro für die Beratung und die Erstellung der Unterlagen verlangen. Darin sind fünf Bewerbungsmappen enthalten, zu denen Sie die Anschreiben noch erstellen. Für weitere Bewerbungsmappen bezahlt Ihr Klient 10 Euro inklusive Anschreiben.

So gewinnen Sie Kunden: Kunden oder Klienten finden Sie über Kleinanzeigen in den Samstagausgaben der Tageszeitungen. Plazieren Sie die Anzeige bei den Stellensuchanzeigen.

Auf einen Blick

Voraussetzungen: Erfahrung im Personalwesen, psychologisches Geschick

Startkapital: keines, wenn Computer und Drucker vorhanden

Honorar: ca. 30 und 45 Euro/Stunde oder pauschal 75 bis 100 Euro (bei Arbeitslosen)

Besonders geeignet für: Personalsachbearbeiter im Ruhestand

Besonderheiten: Gewerbeanmeldung

Brötchen frisch ins Haus

Die Idee: Das frische Brötchen am Sonntagmorgen ist inzwischen ja durchaus möglich, ohne dass in deutschen Haushalten eingefrorene Brötchen der Hitze des Backofens ausgesetzt werden müssen. Schließlich hat der Gesetzgeber das Backen und Verkaufen von Brötchen auch an Sonn- und Feiertagen genehmigt. Aber längst nicht jeder Bäcker nutzt diese Möglichkeit, weil in seinem Einzugsbereich sich die Öffnung an Sonn- und Feiertagen nicht rentiert. Den Schaden haben die Kunden, die in einem solchen „weißen Fleck" der sonntäglichen Brötchen-Landkarte wohnen. Brötchenbringer können hier helfen, aber ihren Service auch für Werktage anbieten.

Das Angebot: Der Brötchen-Bringdienst arbeitet sowohl an Werktagen als auch an Sonn- und Feiertagen. Die Kunden bestellen entweder Brötchen im Abonnement oder

Brötchen frisch ins Haus

„per Hotline" am Vortag. Am nächsten Morgen, an Werktagen bis 7.00 Uhr und an Sonntagen bis 8.00 Uhr, werden alle bestellten Brötchen ausgeliefert.

So wird's gemacht: Nachdem bei „Ladenschluss" alle Einmalbestellungen eingegangen sind und die Abonnementsbestellungen zugerechnet wurden, gibt der Brötchenbringer seine Bestellung bei „seinem Sonntags- und Werktagsbäcker" auf. Am nächsten Morgen werden die bestellten Brötchen abgeholt, den Bestellungen entsprechend in mit Name und Adresse versehene Tüten verpackt und dann, einem Routenplan entsprechend, in Kartons gelegt. Danach beginnt die Auslieferung. Die Fahrt durch das Liefergebiet gestaltet sich sehr zügig, da zu dieser Tageszeit die Straßen noch frei von Berufsverkehr sind, an Sonn- und Feiertagen allemal. Die Tüten werden vor der Haustür abgelegt und später vom Besteller ins Haus geholt. Abonnements werden einmal wöchentlich gegen Vorkasse bezahlt, die Einmalbestellungen werden gegen Treu und Glauben ausgeliefert und im Lauf des Tages oder Abends kassiert.

Für die Kundenbetreuung erweist es sich als sinnvoll, mit einem PC und einer Datenbank sowie einer Adressenverwaltung zu arbeiten. Auch Werbemittel wie Handzettel und Werbebriefe können per PC selbst erstellt und dann im Copy-Center vervielfältigt werden.

Die Voraussetzungen: Der Brötchen-Bringdienst verlangt vom Auslieferer sehr gute Ortskenntnis, damit am Morgen keine Zeit verloren geht und keine Umwege gefahren werden. Wichtig ist, dass man für die Auslieferung ein Kfz zur Verfügung hat. Außerdem sollte der Brötchenbringer über Organisationstalent verfügen und Verhandlungsgeschick, um mit dem Bäcker großzügige Rabatte aushandeln zu können.

Das Startkapital: Wenn der Brötchenbringer einen Computer und einen Pkw zur Verfügung hat, machen die Startkosten gerade einmal 150 bis 250 Euro für die Startwerbung aus. Wichtig ist jedoch die überlegte Organisation, und die kostet Zeit und kein Geld.

Der Gewinn: Der Kunde bezahlt dem Brötchenbringer den beim Bäcker üblichen Preis und zusätzlich eine Lieferpauschale von 45 Cent bis 0,60 Euro. Der Hauptgewinn für den Brötchenservice resultiert aus den mit dem Bäcker ausgehandelten Mengenrabatten, die durchaus bei 20 % liegen können. Somit liegt der Gewinn nach Abzug der Kosten bei etwa 20 Prozent.

So gewinnen Sie Kunden: Brötchenbringer suchen ihr Verteilgebiet sehr sorgfältig aus, bevorzugt Wohngebiete mit vielen Ein- und Zweifamilienhäusern und Wohnhäusern mit nicht mehr als sechs Parteien. Bei größeren Wohnanlagen können die Brötchen nicht ohne weiteres vor der Haustür abgelegt werden, ohne dass es erheblichen "Schwund" durch Diebstahl gibt. In diesen ausgewählten Gebieten, in denen der nächste Bäcker auch nicht gleich "um die Ecke" seinen Laden hat, werden Handzettel in die Briefkästen verteilt, auf denen der Brötchen-Bringdienst sein Angebot vorstellt. Außerdem sollte der Brötchendienst, wenigstens in der ersten Zeit, nicht auf Werbung mit Kleinanzeigen verzichten. Besteht dann ein Kundenstamm, so können Sie mit einer Aktion "Kunden werben Kunden" neue Brötchenabonnenten gewinnen. Die Werbeprämie ist dann ein Sonntagskuchen.

Tipp: Verwenden Sie viel Zeit auf die Planung, mit der Organisation steht und fällt der Erfolg.

Wenn der Kundenkreis zu groß wird, um in der zur Verfügung stehenden Zeit beliefert zu werden, sehen Sie sich nach Schülern und Studenten um, die sich in den Morgenstunden ein Taschengeld verdienen wollen.

Auf einen Blick

Voraussetzungen: organisatorisches Geschick und gute Ortskenntnisse, Kontaktfreude,

nichts für „Morgenmuffel"

Startkapital: sind PC und Kfz vorhanden, ca. 150 bis 250 Euro für die Startwerbung

Gewinn: ca. 20 % des Umsatzes vor Steuern

Besonders geeignet für: junge Paare, die sich die Arbeit teilen können

---

Die Buchführungshelferin

Die Idee: Gerade kleinere Unternehmen sind gern bereit, ihre Buchführung an Buchführungshelfer abzugeben. Einige verstehen mehr von ihrem Handwerk als von Buchführung, andere legen den Schwerpunkt ihrer Arbeit eher auf den eigentlichen Unternehmenszweck und sind es leid, noch bis spät in die Nacht hinein oder am Wochenende sich der ungeliebten und mühseligen Kleinarbeit zu unterziehen. Aber auch die Steuerberater sind, wenn auch nicht offen, immer weniger davon begeistert, für ihre Mandanten die Kontierung und Verbuchung der laufenden Geschäftsvorfälle selbst zu erledigen. Hier springen zunehmend die Buchführungshelfer ein.

Die Voraussetzungen: Das Steuerberatungsgesetz verlangt von den Buchführungshelfern eine der folgenden Qualifikationen:

- ✓ erfolgreicher Abschluss in einem steuer- und wirtschaftsberatenden Ausbildungsberuf
- ✓ erfolgreicher Abschluss in einem kaufmännischen Ausbildungsberuf

Die Buchführungshelferin

✓ Erwerb einer gleichwertigen Vorbildung
und zusätzlich
✓ eine mindestens dreijährige hauptberufliche Tätigkeit im Buchhaltungswesen.

Unabhängig davon sollte ein Buchführungshelfer sehr viel Kondition beweisen, wenn es darum geht, Buchungsrückstände im „Eilverfahren" nachzuholen und in diesem Zusammenhang auch mal eine Nachtschicht einlegen können. Ansonsten geht es darum, bei potentiellen Kunden mit Verhandlungsgeschick die Vorteile des Buchführungshelfers herauszustellen. Ziel ist es, dass Sie von Ihren Kunden regelmäßig die Buchungsunterlagen zur Verfügung gestellt bekommen, die entsprechenden Vorgänge kontieren, buchen und die Daten dann für den Steuerberater aufbereiten.

Das Startkapital: Für den Start im Nebenberuf von zu Hause aus benötigt der Buchführungshelfer zwischen 250 und 2.500 Euro. Dafür beschafft er einen Computer (ab etwa 1.000 Euro), einen Drucker (ab 250 Euro) dazu ein Finanzbuchhaltungsprogramm (ab etwa 150 Euro). Auf eine teure Büroeinrichtung kann sicher verzichtet werden, denn der Buchführungshelfer hat selten Kundenbesuch, und oft arbeitet er im Büro des Auftraggebers. Büromaterial fällt kaum ins Gewicht. Die Startwerbung macht etwa 250 Euro aus. Wenn bereits ein Computer und ein Drucker vorhanden sind, dann sind die Startkosten äußerst gering.

Der Lohn: Da sich die Buchhaltungshelfer in Steuersachen recht gut auskennen, wenden sie ihre Kenntnisse auch für den eigenen Betrieb an. Je nachdem, ob Sie sich ein kalkulatorisches Unternehmergehalt genehmigen und dies in den Preis einrechnen oder am Ende des Geschäftsjahres den Gewinn betrachten, liegt dieser bei etwa 15% oder 80 % des Umsatzes. Als Stundensatz sollten Sie anfangs zwischen 17,50 und 20 Euro annehmen.

So gewinnen Sie Kunden: Selbstverständlich ist die Empfehlung eines zufriedenen Kunden die beste Werbung. Aber am Start sind Sie doch auf einige bewährte Werbemöglichkeiten angewiesen:
✓ Eintrag im Branchentelefonbuch (Gelbe Seiten)
✓ Anzeigenwerbung in der Tageszeitung
✓ Direktwerbung, das heißt, Werbebriefe an mögliche Kunden schicken.

Achtung: Vermeiden Sie bei Ihrer Werbung unbedingt den Eindruck, Sie würden mehr anbieten, als Sie dürfen: kontieren und buchen. Sonst laufen Sie Gefahr abgemahnt zu werden. Und das kann teuer werden. Verweisen Sie in Ihrer Werbung auf § 6, Absatz 4 StBerG.

Tipp: Melden Sie Ihre Tätigkeit als Gewerbe an, dann erhalten Sie von der zuständigen Industrie- und Handelskammer unter Umständen Kontakte zu den anderen Mitgliedsfirmen und auch erste Aufträge.

Dieser Beruf eignet sich als Nebentätigkeit für Frauen, die als junge Mütter keine Vollzeitstelle ausfüllen wollen. In diesem Fall, als ehemalige Steuerfachgehilfin bei einem Steuerberater, hat man durchaus Chancen, vom bisherigen Chef Hilfe zu erhalten. Der hat schließlich ein Interesse daran, dass seine Angestellte auch in Steuersachen fit ist, wenn Sie wieder in den Beruf zurückkehrt.

Gleich, ob Sie als „Aussteiger/in" aus einem steuerberatenden Beruf arbeiten oder als Einsteiger/in aus einem kaufmännischen Beruf bei der Buchführung helfen, sollten Sie sich durch ständige Information aus Fachzeitschriften auf dem Laufenden halten.

Auf einen Blick

Voraussetzungen: Ausbildung und dreijährige Berufserfahrung in kaufmännischem Beruf, Ausbildung in einem steuerberatenden Beruf

Startkapital: ab ca. 500 Euro

Gewinn: ca. 80 % vom Umsatz, Stundenhonorar 17,50 bis 20 Euro

Besonders geeignet für: Frauen, die in steuerberatenden Berufen arbeiten und eine „Babypause" machen oder zu Hause arbeiten möchten

Besonderheiten: gesetzliche Vorschriften (§ 6, Abs. 4 StBerG)

Der Bügelservice

Die Idee: Bügeln Sie gerne? Nein? Dann geht es Ihnen wie vielen anderen Hausfrauen und Hausmännern auch. Aber Sie sollten noch einmal nachdenken, denn die Abneigung anderer gegen diese zeitaufwendige und oft auch mühselige Arbeit kann Ihr Gewinn sein. Eröffnen Sie einen Bügelservice – die Nachfrage ist groß. Wer können Ihre Kunden sein? Weibliche und männliche Singles, die sich am Feierabend nicht auch noch ans Bügelbrett stellen wollen, Doppelverdiener aus den gleichen Gründen, ältere Leute, denen das Bügeln zu anstrengend geworden ist und solche, die ihre teuren Hemden und Blusen nicht in die Wäscherei geben und dort pressen lassen wollen.

Die Voraussetzungen: Einen Bügelservice können Sie von zu Hause aus starten, wenn Sie in Ihrer Wohnung noch ein Zimmer frei haben. Das benötigen Sie allemal, denn Sie dürfen, bei mehreren Aufträgen täglich, den Überblick nicht verlieren und keinesfalls einen Wäschekorb vertauschen. Außerdem sollten Sie besser nicht mit Haushaltsgeräten starten, sondern sich die Arbeit durch Profigeräte erleichtern. Das Bügeln selbst

Der Bügelservice

müssen Sie nicht unbedingt lieben, aber die Ergebnisse Ihrer Bügelarbeit sollten doch überdurchschnittlich gut sein.

Wenn Sie Ihre Tätigkeit als Gewerbe anmelden wollen, sollten Sie Ihr Gewerbe auch bei der Handwerkskammer ins Verzeichnis der handwerksähnlichen Berufe eintragen lassen. Kosten: etwa 25 Euro.

Das Startkapital: Wenn Sie von zu Hause aus starten, dann sparen Sie das Ladenlokal. Für die ersten Anfänge kommen Sie wahrscheinlich mit einem qualitativ hochwertigen Haushaltsbügeleisen aus, einem komfortablen Bügeltisch für größere Wäscheteile und etlichen kleineren Bügelbrettern. Kalkulieren Sie mit bis zu 70 Euro für das Bügeleisen und bis zu 60 Euro für das große Bügelbrett. Als Bügeltisch können Sie auf vorhandenes Mobiliar zurückgreifen. Bügelauflagen schlagen mit etwa je 20 Euro zu Buche. Allerdings sollten Sie wissen, dass es auch bessere Lösungen gibt, wie Sie sie möglicherweise schon in Reinigungen und Wäschereien gesehen haben: Die Profi-Bügelplätze, ausgestattet mit einem Bügeltisch mit unterschiedlichen Spezial-Bügelauflagen und ein Bügeleisen, möglichst mit einem Dampferzeuger, denn das verbessert die Bügelqualität enorm, wobei Dampfzufuhr und elektrische Leitungen über eine Deckenkonstruktion gehalten werden, ersparen Ihnen Arm- und Rückenschmerzen. Für einen solchen Bügelplatz müssen Sie allerdings etwa 5.000 Euro investieren.

Wenn die Kunden Ihnen die Bügelwäsche bringen und sie wieder abholen, dann benötigen Sie nicht einmal ein Kfz. Sollte Ihnen eines zur Verfügung stehen, dann können Sie für Abholen und Zurückbringen der Wäsche einen pauschalen Aufschlag in Rechnung stellen. Vielleicht kann diese Aufgabe ggf. Ihr Lebenspartner in den Abendstunden übernehmen.

Startwerbung: 150 Euro.

Der Gewinn: Der Gewinnanteil vom Umsatz hängt entscheidend davon ab, ob Sie alleine arbeiten, oder ob Sie später zusätzliche Kräfte einstellen. Bei der Preisgestaltung können Sie unterschiedlich verfahren, aber am einfachsten ist es, wenn Sie je Wäschestück einen Pauschalpreis berechnen, egal, ob Bluse, Hemd oder Schürze. Wie hoch der Preis je Wäschestück sein darf, das müssen Sie testen. Zumindest sollten Sie nach einigem Probebügeln überblicken können, wieviele Hemden Sie in einer Stunde in Form bringen können, und danach den Stückpreis ermitteln. Versuchen Sie es einmal mit 2,50 Euro je Teil und orientieren Sie sich ansonsten knapp unter den Preisen der Wäschereien.

So gewinnen Sie Kunden: Als Startwerbung sollten Sie es mit Handzetteln versuchen, die Sie in die Briefkästen stecken. Suchen Sie sich Wohngegenden aus, in denen wohlhabenderes Publikum wohnt, die sind eher geneigt, sich ihre Freizeit – statt Bügelzeit –

zu erkaufen. Sind Sie länger auf dem Markt, dann werden die Empfehlungen zufriedener Kunden ihre Wirkung nicht verfehlen. Außerdem sollten Sie Ihre Tätigkeit auch im Anzeigenteil der örtlichen Tageszeitungen sowie in den Anzeigenblättern, die den Haushalten kostenlos zugestellt werden, bekanntmachen.

Tipp: Sichern Sie sich gegen Schäden an oder gegen das Abhandenkommen von Wäschestücken durch eine Betriebshaftpflichtversicherung ab. Um die günstigsten Tarife zu erfahren, sollten Sie sich bei einem unabhängigen Versicherungsmakler erkundigen. Der ist für Sie kostenfrei, weil er seine Provisionen von den Versicherungsunternehmen erhält, für die er Policen abschließt.

Auf einen Blick

Voraussetzungen: ein freies Zimmer zu Hause, keine absolute Abneigung gegen das Bügeln

Startkapital: mit einfachen Mitteln schon ab etwa 250 Euro (inkl. Startwerbung)

Lohn: je nach Routine etwa 13 bis 18 Euro je Arbeitsstunde

Besonders geeignet für: Hausfrauen, Teilzeitarbeitnehmerinnen

---

Computer-Notdienst

Die Idee: Es gibt fast kein Unternehmen mehr, das nicht auf die Rechenkünste eines Computers vertraut. Dies sind nicht nur Schreibdienste, produzierendes Gewerbe und Dienstleister, sondern auch Freiberufler wie Rechtsanwälte, Notare, Ärzte, Ingenieure, Journalisten ... Sie alle mögen Fachleute auf ihrem Gebiet sein, wenn aber der Computer aus irgendeinem Grund ausfällt, sei es durch einen Bedienungsfehler oder durch Materialermüdung, dann ist die Not groß. Ganze Unternehmen können durch den Ausfall eines Zentralrechners lahmgelegt werden. Schriftsätze können nicht geschrieben werden, Eintragungen in Patientendateien nicht vorgenommen werden, Kalkulationen nicht ausgeführt werden. Großen Schaden können Datenverluste verursachen, wenn nicht eine ständige Datensicherung betrieben wurde. In solchen Fällen können Sie helfen, wenn Sie sich sowohl mit Hardware als auch mit Software gut auskennen und die Tricks kennen, wie man verloren geglaubte Daten noch retten kann.

Die Voraussetzungen: Sie sind Informatiker oder dabei es zu werden, haben reiche Erfahrung im Umgang mit Computern und kennen auch das Innenleben von Computern so genau, dass Sie im Stande sind, Reparaturen vorzunehmen.

Computer-Notdienst

Das Angebot: Sie bieten Computeranwendern (gleich ob privaten oder professionellen Nutzern) an, im Notfall zur Verfügung zu stehen, um endgültige Datenverluste zu verhindern und die Anlage wieder funktionsfähig zu machen.

So wird's gemacht: Werden Sie zu einem Notfall gerufen, so packen Sie Ihr Notebook, auf dem Sie die wichtigsten Tools aufgespielt haben, Ihr Köfferchen mit Werkzeug, einen Streamer mit großer Speicherkapazität und einige Ersatzteile wie Festplatten, Speicherchips und Grafikkarten, und begeben sich eilends zu Ihrem Kunden.

Dort gehen Sie nicht anders vor als ein Arzt, der eine Anamnese erstellt. Sie befragen den Anwender nach den Umständen, die zum Ausfall des Rechners führten. Aus diesen Informationen können Sie meist schon ableiten, ob es sich um einen Bedienungsfehler oder um einen Materialschaden handelt.

Die wichtigste Maßnahme Ihrer Ersten Hilfe ist die Sicherung der Daten. Dafür kennen Sie Möglichkeiten, schon verloren geglaubte Daten noch auf der Festplatte aufzuspüren und sie auf Ihren Streamer zu ziehen. Bevor Sie weitere Maßnahmen ergreifen, spiegeln Sie den Massenspeicher des „Patienten" auf der Festplatte Ihres Notebooks oder laden die Daten und Programme auf Ihren Streamer.

Danach kann die Operation beginnen, wenn Sie herausgefunden haben, dass es sich um einen Materialschaden handelt. Mit Messgeräten stellen Sie fest, welche Bauteile schadhaft sind und ersetzen diese, so Sie passendes Ersatzmaterial zur Verfügung haben.

Handelt es sich um einen Bedienungsfehler, so ist Ihr Lehrtalent gefragt. Sie weisen den Anwender in die korrekte Bedienung eines bestimmten Programmteils ein, um weitere Abstürze zu verhindern. Liegt weder ein Materialschaden noch ein Bedienungsfehler vor, so könnte es sich um Inkompatibilitäten verschiedener Programme handeln oder dass sich Bauteile bei speziellen Einstellungen nicht miteinander vertragen. Entweder können Sie durch Modifizierung der Programme die gegenseitige Verträglichkeit herstellen oder Sie verändern die Systemkonfiguration so, dass weiter Zwischenfälle unmöglich werden.

Haben Sie den Schaden behoben, so stellen Sie den Datenbestand auf dem Massenspeicher wieder her, überprüfen die Funktionsfähigkeit und räumen Ihren "Erste-Hilfe-Koffer" wieder ein. Vergessen Sie nicht, Ihre Visitenkarte zu hinterlassen, wenn es wieder einmal zu Zwischenfällen kommen sollte.

Die Startkosten: Die Startkosten für den Computer-Doktor umfassen die Beschaffung eines Notebooks (ca. 2.500 Euro), diverser Software (750 Euro), eines externen Massenspeichers (ab 300 Euro) und einer Grundausstattung mit Werkzeug (75 Euro). Für den Ersatzteilbestand müssen Sie mit 1.000 Euro rechnen. Damit Sie jederzeit und überall zu erreichen sind, sollten Sie auf ein Mobiltelefon keinesfalls verzichten.

Honorar: Ihre Tätigkeit ist sehr anspruchsvoll und wird entsprechend gut dotiert. Kalkulieren Sie mit einem Stundensatz ab 60 Euro.

So gewinnen Sie Kunden: Kunden gewinnen Sie über Kleinanzeigen in der Tagespresse, in den Mitteilungen der IHK und der Handwerkskammer. Empfehlenswert ist ein Mailing an Kleinbetriebe und Freiberufler. Damit Ihr Angebot mit Ihrer Telefonnummer nicht verloren geht, sollten Sie Verhaltensrichtlinien bei einem Zwischenfall aufschreiben. Liegt dieser Zettel neben dem Computer, so ist die Wahrscheinlichkeit groß, dass Sie zur Hilfe gerufen werden, wenn man nicht weiter weiß.

Auf einen Blick

Voraussetzungen: EDV-Erfahrung

Startkapital: bis zu 5.000 Euro

Honorar: ab 60 Euro/Stunde

Besonders geeignet für: Informatiker, Elektroniker

Besonderheiten: Gewerbeanmeldung

Der EDV-Berater

Die Idee: Auch Kleinunternehmen und Handwerksbetriebe kommen nicht mehr darum herum, ihre Geschäftsverwaltung per Computer zu erledigen. Geschäftskorrespondenz, Kundenverwaltung, Buchführung und Kalkulationen im Bereich der Planung machen den Einsatz der schnellen Rechner zu einem Muss. Allerdings fehlt vielen Unternehmern oft das Fachwissen aus dem EDV-Bereich, um die für sie beste Lösung zu finden, zu kaufen, zu installieren und zu warten. Auch die Umstellung auf einen Netzwerkbetrieb, die sich oft als sehr sinnvoll erweisen würde, wird oft nicht in Angriff genommen, weil das Wissen um die Möglichkeiten fehlt. Als Computerfachmann können Sie hier hilfreich wirken und einen ansehnlichen Zusatzverdienst erzielen.

Die Voraussetzungen: Sie haben Erfahrung mit Computern, haben oder hatten beruflich mit Netzwerkadministration zu tun, oder Sie sind Informatiker. Außerdem kennen

Der EDV-Berater

Sie die neuesten Produkte, Entwicklungen und Trends und haben Verbindung zu günstigen Einkaufsquellen.

Das Angebot: Sie beraten Freiberufler, Kleinbetriebe und mittelständische Unternehmen bezüglich der Beschaffung von Hard- und Software. Der Einkauf und – falls gewünscht – die Installation und die Wartung der EDV-Anlage wird ebenfalls von Ihnen übernommen.

So wird's gemacht: Ihre erste Aufgabe ist es, eine Bedarfsanalyse vorzunehmen. Dazu setzen Sie sich mit Ihrem Auftraggeber zusammen und lassen sich die vorgesehenen Anwendungsbereiche beschreiben. Außerdem informieren Sie sich über die Zukunftspläne des Unternehmens, die Art und Weise, wie bisher mit Kunden und Lieferanten kommuniziert wurde. Auch die Kommunikationswege innerhalb des Unternehmens sind für die Beratung von Bedeutung. Danach unternehmen Sie eine Besichtigung der Geschäftsräume und achten insbesondere auf die Abläufe bei der Leistungserstellung.

Gerüstet mit diesen Informationen begeben Sie sich in Ihr Büro und entwerfen die erforderliche Systemarchitektur. Sie legen fest, welche Informationen für die einzelnen Funktionsträger von Bedeutung sind, wer Zugang zu welchen Informationen haben soll, wie die Zugangsrechte erteilt werden. Sie überlegen, welche Software den gegenwärtigen aber auch den künftigen Bedürfnissen des Unternehmens am besten entspricht.

Auf der Grundlage dieser Arbeit erstellen Sie einen Bericht, der dem Auftraggeber zeigt, wie eine EDV-Anlage seinen Betrieb optimal unterstützt. Planen Sie verschiedene Alternativen, die den zur Verfügung stehenden finanziellen Rahmen nicht sprengen. Zu jeder Alternative erstellen Sie eine Liste der zu beschaffenden Hard- und Software mit Preisen verschiedener Anbieter. Diesen Bericht stellen Sie Ihrem Auftraggeber zu und besprechen mit ihm die Einzelheiten. Der Beratungsauftrag wäre dann erfüllt.

Sie können allerdings auch die Beschaffung der Komponenten organisieren und nach Anlieferung die Installation durchführen. Abschließend machen Sie das Personal mit dem Umgang mit der neuen Anlage vertraut.

Die Startkosten: Startkosten fallen für einen EDV-Berater nicht an, wenn er über die übliche Büroeinrichtung verfügt.

Honorar: Als EDV-Berater berechnen Sie die Beratungsstunde mit mindestens 60 Euro. Für die Beschaffung können Sie, je nach Umfang des Auftrags, einen prozentualen Anteil der Kaufsumme als Honorar aushandeln. Können Sie mit Lieferanten eine Vermittlungsprovision oder Rabatte auf den Kaufpreis größerer Aufträge vereinbaren, so ermäßigen sich die Kosten für Ihren Auftraggeber.

So gewinnen Sie Kunden: Kunden gewinnen Sie über Kleinanzeigen in der Tagespresse und Anzeigenblättern. Erfolgreicher sind Anzeigen in den Mitteilungen der Industrie-

und Handelskammer sowie der Handwerkskammern. Nehmen Sie auch Kontakt zu Unternehmensberatern auf.

Tipp: Schließen Sie unbedingt eine Betriebshaftpflichtversicherung ab. Sollte Ihnen ein Fehler unterlaufen, so könnte dies teuer werden.

Auf einen Blick

Voraussetzungen: reiche Erfahrung mit größeren EDV-Anlagen, Studium der Wirtschaftsinformatik empfehlenswert

Startkapital: keines, wenn Büroeinrichtung vorhanden

Honorar: Stundenhonorar ab 60 Euro

Besonders geeignet für: Wirtschaftsinformatiker, Netzwerkadministratoren

Besonderheiten: Gewerbeanmeldung, Haftpflichtversicherung

Einkäufe ausliefern

Die Idee: Schon am frühen Samstagmorgen geht es betriebsam her im Supermarkt. Angestellte und auch die Marktleiterin schieben Einkaufswagen durch den Verkaufsraum und laden, einen Einkaufszettel in der Hand, die darauf verzeichnete, schon vorbestellte Ware ein und bringen den Wagen zur Kasse. Eine Kassiererin tippt die Preise ein, und ein junger Mann stapelt die Ware in Kartons, legt den Kassenbon sowie den Bestellzettel hinzu und bringt den Karton in seinen Kombi. Es ist schon der achte Karton.

Jeden Samstagmorgen tritt er um 6.30 Uhr seinen Nebenjob an und streicht um 13.00 Uhr zufrieden 65 Euro ein. Er bringt die vorbestellten Einkäufe zu den Kunden ins Haus. Ein Job für Sie?

Die Voraussetzungen: Man sollte schon Frühaufsteher sein, wenn man am frühen Morgen gutgelaunt im Supermarkt ankommt. Den Kombi sollten Sie auch zur Verfügung haben oder aber den Transporter des Supermarkts fahren können. Auch ein wenig Ortskenntnis kann nicht schaden, damit Sie bei der Auslieferung keine großen Umwege fahren.

Das Angebot: Der Auslieferer bietet Geschäftsleuten an, die von Kunden vorbestellte Ware, vornehmlich an Samstagen, den Kunden ins Haus zu liefern. Mit seinem Angebot wendet er sich an Supermärkte, die relativ wenig Konkurrenz in einem großen Wohngebiet haben. Der Supermarktbesitzer bietet besonders älteren Kunden an, die Ware anzuliefern, sodass mühseliges Schleppen für die Senioren entfällt. Getränkekisten liefert der Auslieferer im Anschluss aus.

Einkäufe ausliefern

So wird's gemacht: Sie kommen am frühen Samstagmorgen in den Supermarkt. Der Besitzer des Supermarkts erwartet Sie schon und winkt mit einem kleinen Stapel von Bestellscheinen. Zügig machen Sie sich ans Werk, schieben den Einkaufswagen die Regale entlang und legen die bestellte Ware in den Wagen. Frischwurst, Fleisch und Frischkäse muss noch aufgeschnitten werden, und deshalb stellen Sie den Wagen vor der Frischwurstheke ab. Dort bemächtigt sich die Wurstverkäuferin des Bestellzettels und bearbeitet die Bestellung weiter. Sie sind inzwischen schon mit dem nächsten Bestellschein unterwegs. Die fertig bearbeiteten Bestellungen werden im Einkaufswagen zur Kasse gefahren, wo eine Kassiererin ausschließlich damit beschäftigt ist, die Rechnung für die bestellte Ware zu erstellen. Sie packen die Ware vom Band in einen Transportkarton, tackern Bestellschein und Rechnung zusammen und bringen den Karton in Ihr Auslieferfahrzeug. Bis die ersten Kunden in den Supermarkt kommen, haben Sie den größten Teil Ihrer Arbeit schon erledigt.

Sie machen sich auf den Weg und bringen den Karton mit der bestellten Ware an die Wohnungstür. Dort kassieren Sie den Rechnungsbetrag und oft auch noch ein nettes Trinkgeld. Und dann geht's weiter zum nächsten Kunden.

Sind die Lebensmittel ausgeliefert, werden in gleicher Weise die Getränkekästen zum Kunden gebracht. Bringen Sie die Kästen auch noch in den Keller, dann ist vielleicht ein Extra-Trinkgeld drin.

Sind alle Einkäufe ausgeliefert, rechnen Sie mit dem Supermarktbesitzer die von Ihnen kassierten Rechnungsbeträge ab. Das können Sie anhand der Bestellscheine, auf denen der Rechnungsbetrag vermerkt ist.

Die Startkosten: Startkosten fallen bei diesem Nebenverdienst nicht an, da Sie ja selbst nichts investieren.

Der Lohn: Rechnen Sie bei diesem Nebenverdienst mit einem Stundenlohn von 10 Euro. Allerdings sind hier die Trinkgelder nicht eingerechnet. Die Höhe der Trinkgelder und die Bereitschaft diese zu geben, hängt davon ab, wie gut Sie mit den Kunden zurechtkommen. Es lohnt sich zu lächeln und gute Laune zu verbreiten.

So gewinnen Sie Kunden: Hier wird von Ihnen Überzeugungsarbeit gefordert. Bereiten Sie das Muster eines Bestellscheins vor, auf dem Sie Regalware, Obst und Gemüse, Frischfleisch und Frischwurst, Frischkäse und Getränke, wenn sie in Kästen geliefert werden sollen, getrennt aufführen. Diese Bestellscheine werden im Supermarkt an interessierte, meist ältere und berufstätige Kunden verteilt. Bereiten Sie auch ein Poster vor, das im Eingangsbereich und im Kassenbereich des Supermarkts aufgehängt wird und auf den Einkaufs-Bringdienst hinweist. Vereinbaren Sie mit dem Supermarktbesitzer einen Termin und überzeugen Sie ihn von den Vorteilen Ihrer Dienstleistung: Kundenbindung, höherer Umsatz, da der Kunde nicht noch in andere Geschäfte geht, Mehrumsatz, da der Kunde zu Hause kauft, den Einkaufswagen nicht selbst an den Regalen entlangschiebt und nicht sieht, wie voll er schon ist.

Tipp: Versuchen Sie zu vereinbaren, auch während der Woche schon abends tätig zu werden. Hier sind besonders die berufstätigen Kunden die Zielgruppe, denen am Abend meist nur wenig Zeit für Einkäufe bleibt.

Auf einen Blick

Voraussetzungen: Frühaufsteher, Kontaktfreude, Gewissenhaftigkeit, Führerschein

Startkapital: keines

Lohn: Stundenlohn ca. 10 Euro, zusätzlich Trinkgelder

Besonderheiten: keine

Einrichtungsberatung

Die Idee: Eine neue Wohnung – ein neues Haus. Natürlich soll die Einrichtung stimmen, und mancher stolze Eigentümer möchte dafür nicht unbedingt die Dienste eines teuren Innenarchitekten in Anspruch nehmen. Dem stolzen Eigenheimbesitzer können Sie Ihre Möglichkeiten als Einrichtungsberater anbieten.

Die Voraussetzungen: Wichtig ist die Kenntnis neuerer Einrichtungstrends, gute Menschenkenntnis, Kontaktfreude und natürlich Verhandlungsgeschick. Kaufmännische Kenntnisse können nie schaden, und eine Tätigkeit in einem Einrichtungshaus mit der daraus resultierenden Marktkenntnis bringt große Vorteile. Außerdem sollten Sie die Handwerker in Ihrem Einzugsgebiet und deren Arbeitsweise gut kennen, damit Sie für jeden Auftrag auch den geeigneten Experten zur Verfügung haben.

Das Angebot: Sie bieten die Beratung bei der Einrichtung von Wohnungen und Häusern an. Das beginnt mit einem Gespräch mit dem Auftraggeber, dem Kennenlernen der Familie, um deren Gewohnheiten und Persönlichkeiten kennenzulernen. Bei diesem Besuch erhalten Sie vom Auftraggeber den Wohnungsgrundriss, machen eine Bestandsaufnahme der vorhandenen Möbelstücke, auf die der Auftraggeber in seinem neuen Heim keinesfalls verzichten möchte. Notieren Sie auch die Vorstellungen, die die künftigen Hausherrn von ihrem neuen Heim haben.

Danach beginnt der zweite Teil Ihrer Arbeit. Vergrößern Sie den Grundriss und zeichnen Sie darauf Ihre Ideen ein. Danach stellen Sie die Einrichtungsvorschläge zusammen. Das beginnt mit der Auswahl der Farben, Muster und Qualität der Bodenbeläge, berücksichtigt die auf das Mobiliar abgestimmte Wandgestaltung und die Fensterdekoration. Sehr wesentlich ist die geschmackvolle und funktionelle Auswahl des Mobiliars. Ein bedeutender Faktor für die Wirkung einer Wohnung oder eines Hauses ist auch die Beleuchtung. Neue Leuchtkörper bieten neue Möglichkeiten, Stimmung und Atmosphäre zu schaffen.

Ihre Vorschläge fassen Sie in einem Report zusammen, dem Sie eine Stückliste der zu beschaffenden Materialien und Einrichtungsgegenstände hinzufügen. Außerdem können Sie, bei entsprechendem zeichnerischen Talent, Ihre Vorstellungen aufzeichnen, kolorieren. Sie wissen: Ein Bild sagt mehr als tausend Worte. Auf der Basis der Stückliste wählen Sie aus Katalogen und Prospekten der verschiedensten Hersteller und notieren gleichzeitig, bei welchem Händler Sie die einzelnen Waren beziehen können. Sie erfragen schon die Preise, um Ihrem Auftraggeber eine Preisvorstellung geben zu können.

Ist der Auftraggeber mit Ihren Entwürfen einverstanden, so lassen Sie sich den zu realisierenden Entwurf schriftlich genehmigen, damit es später nicht zu Meinungsverschiedenheiten kommen kann.

Letztlich tätigen Sie auf Rechnung des Auftraggebers die Einkäufe, stimmen die Lieferzeiten terminlich mit den Lieferanten ab und überwachen Montage und Aufstellen der Einrichtung.

Die Startkosten: Ein Zeichenbrett und eine Sammlung von Katalogen, Warenproben und Prospekten sind Ihre wichtigsten Arbeitsmittel. Sie können von zu Hause aus agieren. Außer dem Telefon und einem Schreibtisch benötigen Sie ein Telefaxgerät für eilige Anfragen bei Lieferanten. Anstatt eines Zeichenbretts können Sie sich auch für Branchensoftware für Innenarchitekten entscheiden und diese dann auf Ihrem PC nutzen, insofern Sie schon einen schnellen Rechner Ihr eigen nennen. Die Kataloge stellen Ihnen Hersteller und Händler meist kostenfrei zur Verfügung. Bei Warenmustern wird die Sache schon schwieriger. Anfangs könnten Sie die Warenmuster ja auch ausleihen. Die Kosten für den Start reichen von 0 Euro, wenn Sie mit PC starten und über ein Telefax verfügen, bis zu 5.000 Euro, wenn Sie alles neu kaufen wollen.

Der Gewinn: Ihre Leistung stellen Sie dem Auftraggeber zu einem Stundenhonorar von etwa 25 bis 35 Euro in Rechnung. Sie können allerdings auch ein Pauschalhonorar festsetzen oder das Honorar von der Höhe der Auftragssumme abhängig machen. Andererseits können Sie mit den Einrichtungshäusern und Handwerkern, mit denen Sie öfter zusammenarbeiten, auch eine Provision vereinbaren. Insgesamt sollten Sie auf etwa 5 % der Kaufsumme zuzüglich der Beratungshonorare kommen. Halten Sie die Verabredungen in einem Dienstleistungsvertrag schriftlich fest, in dem Sie auch die Zahlungsmodalitäten klären.

So gewinnen Sie Kunden: Sie beginnen mit Inseraten in der Tagespresse. Später sammeln Sie Referenzen und Empfehlungen und stellen daraus eine Mappe zusammen. Hinterlassen Sie Ihre Visitenkarte auch bei Einrichtungshäusern, und nehmen Sie Kontakt zu Immobilienmaklern und Architekten auf.

Tipp: Starten Sie mit möglichst geringen Kosten, und investieren Sie die ersten Gewinne in die Ausrüstung Ihres heimischen Büros.

Energiesparberatung

Auf einen Blick

Voraussetzungen: kaufmännische Kenntnisse, Kontaktfreude, Kreativität

Startkapital: 0 Euro bis 5.000 Euro

Gewinn: ca. 5 bis 8% vom Auftragswert

Besonders geeignet für: kreative Fachleute aus der Einrichtungsbranche

Besonderheiten: keine

Die Idee: Energie ist teuer und wird noch teurer. Man kann zu Regierungsplänen stehen wie man will, wenn es den Verbraucher Geld kostet, dann meist negativ eingestellt, aber man darf bei dieser Frage ja nicht ausschließlich den ökonomischen Interessen nachgehen, sondern man muss auch die ökologischen Belange in die Überlegungen einbeziehen. Schließlich ist der Schutz der Umwelt, also der Schutz unserer Lebensbedingungen, auch ein Wert, der nicht hinter den finanziellen Interessen zurückstehen darf.

Vor dem Hintergrund der Energiesteuer kann es sich für Sie finanziell lohnen, wenn Sie sich als Energiesparberater betätigen.

Die Voraussetzungen: Als Energiesparberater benötigen Sie technisches Wissen, sind physikalisch vorgebildet oder haben eine Ausbildung als Heizungs- oder Klimatechniker, oder Sie haben Ingenieurwissenschaften studiert. Sie kennen den Markt der energiesparenden Möglichkeiten, auch die gegenwärtigen Energietarife und können die Preisentwicklung der jeweiligen Energiebereiche beurteilen.

Sie sind in der Lage, anhand der Gegebenheiten eines Hauses den Energieverbrauch zu berechnen und die Wirkungen von energiesparenden baulichen Veränderungen zu kalkulieren.

Energiesparberatung

Das Angebot: Sie bieten Hausbesitzern aber auch Unternehmen an, deren Häuser, Wohnungen und Laden-, Büro- und Produktionsflächen hinsichtlich der Verbesserung der Energieausnutzung und der Energiesparmöglichkeiten zu untersuchen.

So wird's gemacht: Zunächst geht es um eine Bestandsaufnahme. Sie halten als erstes fest, aus welchem Material das Gebäude errichtet wurde, ob bereits Wärme-Isolierungen daran vorgenommen wurden. Welcher Art ist die Dachkonstruktion, und wie ist das Dach isoliert? Welche Grundfläche und welcher Rauminhalt wird beheizt? Welche Energieform wird zur Heizung verwendet, welches Heizungssystem finden Sie vor? Sie lassen sich die letzten Messergebnisse des Berzirksschornsteinfegermeisters bezüglich der Überprüfung der Heizungsanlage vorlegen und notieren das Baujahr des Heizbrenners. Welcher Art ist die Warmwasserversorgung des Hauses: Durchlauferhitzer oder Anschluss an eine zentrale Warmwasseraufbereitung? Welche Temperatur ist beim Warmwasser vorgesehen? Wie sieht es mit den Fenstern aus? Einfach-, Doppel- oder Dreifachverglasung?

Welche elektrischen Geräte werden betrieben? Wie alt sind diese? Mit welchem Wirkungsgrad arbeiten sie? Gibt es inzwischen Geräte mit deutlich verbessertem Wirkungsgrad? Sind Enegiesparleuchtkörper in den Lampen eingebaut?

Haben Sie so das gesamte Gebäude untersucht, können Sie zu Hause eine Energiebilanz erstellen. Auf Ihrem Computer haben Sie ein entsprechendes Simulationsprogramm. Nach der Auswertung durch den Computer fassen Sie die Ergebnisse in einem Bericht zusammen und geben dem Auftraggeber entsprechende Empfehlungen.

Die Startkosten: Als Techniker oder Ingenieur verfügen Sie wahrscheinlich über einen Computer (ca. 1.250 bis 1.500 Euro). Ein Arbeitsblatt zur Berechnung der Energiebilanz in einem Kalkulationsprogramm können Sie selbst erstellen, oder Sie müssen entsprechende Branchensoftware kaufen (750 bis 1.250 Euro).

Honorar: Für Ihr Honorar legen Sie einen Stundensatz zwischen 30 und 45 Euro zugrunde. Eine umfassende Beratung bei einem Einfamilienhaus liegt dann bei etwa 125 bis 150 Euro, bei Unternehmen mit größeren Betriebsanlagen wird die Beratung entsprechend zwischen 250 und 500 Euro liegen.

So gewinnen Sie Kunden: Ihre Kunden gewinnen Sie in erster Linie über gut gestaltete und überzeugend formulierte Kleinanzeigen in der Tagespresse, über ein Mailing an Hausbesitzer oder über Handzettel, die Sie Eigenheimbesitzern in den Briefkasten werfen.

Tipp: Nehmen Sie Kontakt zu Architekten und Heizungsbauunternehmen auf. Gerade bei Altbausanierungen können Ihre Dienste gefragt sein. Beziehen Sie in Ihre Beratung auch Fördermittel der öffentlichen Hand ein, so solche verfügbar sind. Verwenden Sie dieses Argument auch in der Werbung, denn wer nimmt nicht gern Geschenke entgegen?

Auf einen Blick

Voraussetzungen: technische Ausbildung, Studium der Ingenieurwissenschaften

Startkapital: ab 150 Euro für Werbung, wenn Computer vorhanden und Programm selbst erstellt wird

Honorar: je Beratung ab ca. 125 Euro

Besonders geeignet für: Heizungstechniker, Ingenieure

Besonderheiten: Gewerbeanmeldung empfehlenswert

Der Fitness-Trainer

Die Idee: Fit und schlank sollte man sein, denn dann, das ist erwiesen, hat man sowohl im beruflichen als auch privaten Bereich die besten Erfolgsaussichten. Leider ist die Welt aber voller Verführungen: Pizzeria, Café, Geschäftsessen, zu übermäßigem Essen verführende Brunches, und, und, und... Wahrscheinlich kennen Sie noch mehr Verführer. Hinzu kommt, dass sitzende Berufsausübung den täglichen Energiebedarf mindert und das Kfz immer häufiger auch für kurze Besorgungen genutzt wird. Der körperlichen Fülle wollen viele Übergewichtige ein Ende bereiten, beginnen eine Diät und scheitern damit, weil sie versäumen, auch auf der Seite des Energieverbrauchs etwas zu verändern. Hier können Sie hilfreich gegen Honorar einspringen.

Die Voraussetzungen: Sie sollten selbst keine Gewichtsprobleme haben, sondern Ihr Körper sollte Vorbild für Ihre Kunden sein. Ein Sportstudium ist nicht unbedingt erforderlich, wenn auch sehr hilfreich. Die Ausbildung zum Übungsleiter oder Aerobic-Trainer reicht aus. Notfalls geht es auch ohne Schein, wenn Sie selbst Leistungssportler sind und die Erfahrungen aus Ihrem Training weitergeben können. Informationen zur Übungsleiter-Ausbildung erhalten Sie bei Ihrem Stadt-Sport-Bund.

Das Angebot: Als Fitness-Trainer kommen Sie zu Ihren Kunden und erstellen mit ihm einen Trainingsplan, nachdem der Arzt des Kunden attestiert hat, inwieweit Ihr Kunde körperlich belastbar ist. Sie können auch das Training Ihres Kunden im Einzel- oder auch im Gruppentraining übernehmen.

So wird's gemacht: In der Fitness-Beratung bereiten Sie zunächst eine Bestandsaufnahme vor, in der Sie die bisherigen körperlichen Tätigkeiten und die Essgewohnheiten Ihres Kunden erfassen. Danach gehen Sie mit ihm seinen gewöhnlichen Alltag durch und suchen nach Zeiträumen, die für körperliches Training geeignet sind. Entsprechend der zur Verfügung stehenden Zeit – eventuell muss Ihr Kunde andere Tätigkeiten zugunsten seiner körperlichen Fitness ein wenig einschränken – und den Auskünften, die Sie vom

Der Fitness-Trainer

Arzt des Kunden erhalten, stellen Sie einen Plan auf, der sowohl die aktuelle körperliche Verfassung als auch das Trainingsziel des Kunden berücksichtigt. Denken Sie in Ihrem Plan aber auch an besondere Abneigungen Ihres Kunden, so wenn er es beispielsweise hasst, durch den Wald zu joggen, und suchen Sie nach Alternativen. Der Fitnessplan muss Ihrem Kunden Spaß machen, sonst wird er ihn nicht einhalten.

Bieten Sie Ihren Kunden an, die ersten Wochen gemeinsam mit Ihnen zu trainieren, und vereinbaren Sie feste Termine, für die auch dann Honorar zu entrichten ist, wenn Ihr Kunde wegen eines wichtigen Termins absagt. Oft werden solche Ausreden vorgeschoben, um sich nicht den Anstrengungen unterziehen zu müssen. Wenn Sie merken, dass Ihr Kunde genügend motiviert ist, das Training auch allein weiterzuführen, haben Sie Ihre Arbeit zunächst beendet. Bieten Sie aber einen weiteren Termin an, an dem Sie den Trainingsplan entsprechend der dann aktuellen körperlichen Verfassung des Kunden modifizieren und vielleicht auch neue Trainingsziele festlegen.

Richtig Spaß macht das Training dann, wenn der Kunde den Erfolg seiner Bemühungen nicht nur auf der Waage nachvollziehen kann, sondern wenn er an Lebensqualität gewinnt. Probieren Sie mit ihm gemeinsam neue Sportarten aus, damit er den Trainingserfolg auch in der Praxis erleben kann.

Wenn Ihr Kunde einverstanden ist, können Sie auch mit mehreren Teilnehmern gemeinsam trainieren.

Die Startkosten: Die Startkosten liegen wesentlich im Bereich der Kundengewinnung. Ansonsten benötigen Sie wenig mehr als einige Kleingeräte wie Sprungseilchen, Bälle oder Gymnastikbänder. Dafür müssen Sie nicht mehr als 75 Euro aufwenden.

Honorar: Gesundheit und Fitness sind wertvoll, und weil Sie qualifiziert dazu beitragen, ist auch Ihre Arbeit nicht ganz billig. Die Beratung und die Erstellung des Trainingsplans berechnen Sie mit 75 Euro. Diese Pauschale kann dann entfallen, wenn der Kunde Sie anschließend zu einem Honorar von 17,50 Euro je 45 Minuten bucht.

So gewinnen Sie Kunden: Schalten Sie anfangs Kleinanzeigen. Etwas aufwendiger, allerdings erfolgversprechender ist eine Mailing-Aktion, in der Sie Geschäftsleute und Freiberufler ansprechen, denn die vernachlässigen ihre körperliche Fitness am meisten.

Stellen Sie im Mailing die körperliche Fitness und den daraus resultierenden Nutzen in den Vordergrund. Nicht auf alle Adressaten trifft Übergewicht zu.

Tipp: Sie können, bei entsprechender Ausbildung, eventuell auch in Fitness-Studios arbeiten.

> **Auf einen Blick**
> **Voraussetzungen:** Sportstudium oder Trainerausbildung empfehlenswert
> **Startkapital:** maximal 75 Euro für Material, ca. 250 Euro für Kleinanzeigen und Mailing
> **Honorar:** ca. 15 Euro je Stunde
> **Besonders geeignet für:** Sportlehrer/innen, Übungsleiter/innen, Leistungssportler
> **Besonderheiten:** keine

Medizinische Fußpflege

Die Idee: Es gibt immer mehr ältere Menschen und immer mehr Menschen, die unter den Sünden modischer Schuhe zu leiden haben. Starke Hornhautbildung und Hühneraugen an Druckstellen an den Füßen bereiten unter Umständen so viele Schmerzen, dass der schönste Spaziergang oder Einkaufsbummel keinen Spaß mehr macht. Mobile Fußpfleger/innen können hier im Nebenverdienst gute Geschäfte machen.

Die Voraussetzungen: Als medizinische Fußpflegerin brauchen Sie zunächst eine entsprechende Ausbildung. Die erhalten Sie in Fußpflegeschulen, die es in fast jeder Großstadt gibt.

Weitere Voraussetzung sind eine Engelsgeduld und viel Einfühlungsvermögen, denn die Kunden, meist ältere Damen, schütten Ihnen während der Fußpflege oft ihr ganzes Herz aus. Weiß eine Fußpflegerin mit der Psyche älterer Menschen gut umzugehen, so wird sie nicht nur wegen der Hühneraugen gebucht.

Das Angebot: Die medizinische Fußpflegerin schneidet und fräst die Fußnägel ihrer Kunden, entfernt die sich bildende Hornhaut mit einem Hobel, löst Hühneraugen aus und weist auch auf Fußpilz oder Nagelpilz hin, die mit geeigneten Sprays behandelbar sind. Bei Zehenfehlstellungen weiß die Fußpflegerin, mit welchen Hilfsmitteln die dadurch entstehenden Schmerzen zu beseitigen oder zu lindern sind.

Die Fußpflege im eigenen Heim kommt den Kunden entgegen, die nur noch schlecht gehen können und deshalb keine Fußpflegepraxis aufsuchen. In den meisten Fällen kann die mobile Fußpflegerin ihre Dienstleistung preisgünstiger anbieten als die Kollegen und Kolleginnen, die eine Ladenmiete für die Praxis bezahlen müssen.

So wird's gemacht: Die Fußpflegerin kommt mit ihrem Gerät, verstaut in einem geeigneten Koffer, zu einem fest vereinbarten Termin in die Wohnung der Kunden. Die Kun-

Meditinische Fußpflege

den haben sich für diesen Termin vorbereitet und die Füße gründlich gebadet. Sie haben auch schon den Arbeitsplatz für die Fußpflegerin freigemacht.

Die Fußpflege kann an jedem Ort durchgeführt werden, da die Hornfräsen gleichzeitig auch den Hornstaub aufsaugen. Die Zehennägel werden zuerst mit Spezialzangen geschnitten und dann mit verschiedenen Fräsern geschliffen. Die Hornhaut wird mit einem Hobel abgeschliffen und danach mit einem Schleifaufsatz auf dem Fußpflegegerät weiterbearbeitet.

Die Entfernung von Hühneraugen führt die Fußpflegerin fachmännisch durch. Am Ende der Behandlung wird das Werkzeug desinfiziert, die Füße der Kunden werden mit einer Pflegesalbe eingerieben und vorsichtig massiert.

Die Startkosten: Die erste Investition ist die Ausbildung zur medizinischen Fußpflegerin. Bei Fußpflegeschulen kostet der Kurs etwa 1.000 Euro.

Das Fußpflegegerät ist unbedingt erforderlich. Allerdings kann die professionelle Fußpflegerin mit den preisgünstigen Geräten, die in Warenhäusern angeboten werden, nichts anfangen. Die hielten der Belastung nicht lange Stand. Ein professionelles Gerät mit Koffer, Fräsern und den erforderlichen Nagelzangen, Nagelscheren und Hautscheren sowie Spezialgerät zur Entfernung von Hühneraugen kostet dann doch um 1.250 Euro.

Der Gewinn: Da die mobile Fußpflegerin ohne ein Ladenlokal arbeitet, kann sie ihre Dienstleistung wesentlich preisgünstiger anbieten. Der Durchschnittspreis für eine Fußpflege liegt bei 12,50 Euro. Sie muss also mindestens 200 Fußpflegen durchführen, um die Startkosten zu verdienen. Danach sind lediglich die Fahrtkosten mit dem Kfz vom vereinbarten Preis abzuziehen. Der Rest ist der Gewinn vor Steuern.

So gewinnen Sie Kunden: Die meisten mobilen Fußpflegerinnen werben mit Kleinanzeigen in den Wochenendausgaben der Tagespresse und in den Anzeigenblättern. Gerade beim Start aber sollten Sie Flugblätter, auf denen Sie Ihr Angebot unterbreiten, in die Briefkästen eines bestimmten Stadtteils werfen. Finden sich genügend Kunden, so können Sie eine Route zusammenstellen und damit die Fahrtkosten erheblich senken. Unterbreiten Sie Ihr Angebot auch in Altenwohnheimen, wenn dort nicht schon eine Praxis vorhanden ist. Bestens bewährt haben sich Empfehlungen, die Sie dann erhalten, wenn die Kunden mit Ihnen und Ihrer Arbeit zufrieden sind.

Tipp: Weil Sie immerhin am Körper Ihrer Kunden arbeiten und es auch der routiniertesten Fußpflegerin einmal passieren kann, dass sie bei ihrer Arbeit jemanden verletzt oder sich nach einer Behandlung eine Entzündung am Fuß des Kunden bildet, sollten Sie auf alle Fälle eine Haftpflichtversicherung für Ihre Tätigkeit abschließen.

> **Auf einen Blick**
>
> **Voraussetzungen:** Geduld, Einfühlungsvermögen, entsprechende Ausbildung
>
> **Startkapital:** ca. 2.250 Euro inkl. Ausbildung
>
> **Gewinn:** ca. 12,50 Euro je Behandlung
>
> **Besonderheiten:** unbedingt Haftpflichtversicherung abschließen

Fußreflexzonen-Massage

Die Idee: Alternative Heilmethoden sind „in", seit die Gerätemedizin viele Patienten abschreckt. Insbesondere fernöstliche Heilmethoden wie Akupunktur und Akupressur sind bei von der Schulmedizin verprellten Patienten beliebt. Da hat es die Fußreflexzonen-Massage leicht, den Kranken Linderung zu verschaffen. Es wurde nämlich entdeckt, dass sich der gesamte Körper und seine Organe am Fuß eines Patienten abbilden. Es gibt Zonen, die dem Magen, der Leber, dem Herzen, dem Kopf entsprechen. Der Patient reagiert mit Schmerzen, wenn bei Erkrankungen einzelner Organe auf die entsprechenden Zonen Druck ausgeübt wird. Allerdings wird das kranke Organ durch die kundige Massage der entsprechenden Fußreflexzonen auch der Gesundung zugeführt, die Leiden der Patienten können gelindert werden. Dies bietet Therapeuten, die die Fußreflexzonen-Massage beherrschen, einen einträglichen Zusatzverdienst.

Die Voraussetzungen: Die Fußreflexzonen-Massage wird in Instituten gelehrt. Nach einem Kurs von bis zu zehn Abenden und einer abschließenden Prüfung erhalten die Teilnehmer ein Diplom, das sie als Fußreflexzonen-Masseure ausweist. In diesem Kurs werden den Teilnehmern eine Reihe von Krankheitsbildern aufgezeigt und die Zonen, die es am Fuß zu massieren gilt, um die Therapie von Ärzten zu unterstützen. Dazu gibt es einen regelrechten Atlas der linken und rechten Fußsohle, die dem Masseur die Orientierung erleichtert.

Das Angebot: Der Fußreflexzonen-Masseur massiert am Fuß der Patienten die Zonen, die dem erkrankten Organ entsprechen und verschafft dem Patienten Linderung seiner Krankheitssymptome dadurch, dass das von Krankheit befallene Organ durch die Massage zu verstärkter Funktion angeregt wird.

So wird's gemacht: Nachdem der Kurs erfolgreich absolviert wurde und die ersten Patienten, die teilweise selbst in die Praxis kommen, teils von Heilpraktikern und Ärzten geschickt werden, auf dem Behandlungsstuhl Platz genommen haben, nimmt der Masseur die Krankheitsgeschichte, die Befunde der Ärzte und Heilpraktiker auf einem Patientenblatt auf. Hilfreich sind Behandlungsempfehlungen der Heilkundigen.

Dann wird der Fuß entsprechend der Indikationen an den speziellen Stellen massiert. Die Behandlung dauert etwa eine halbe Stunde. Danach erhält der Patient eine erfrischende Fußmassage und kann, meist erleichtert, seine Beinkleider wieder anziehen. Die Massage der Fußsohlen sollte, um Erfolg zu zeigen, mindestens dreimal wöchentlich erfolgen.

Die Startkosten: Der Fußreflexzonenmasseur benötigt zur Ausübung seiner Tätigkeit zuerst den Kurs, der ihm die erforderlichen Kenntnisse und Fertigkeiten vermittelt (etwa 1.000 Euro). Hinzu kommt die hilfreiche Fachliteratur, für die 100 Euro bereitzuhalten sind. Ansonsten benötigt der Masseur in seiner Praxis einen Behandlungsstuhl, der etwa 300 Euro kostet. Wird ambulant massiert, so entfällt dieser Ausgabenposten.

Honorar: Für eine Fußreflexzonenmassage von 30 Minuten werden zwischen 20 und 30 Euro in Rechnung gestellt. Wird die Massage dem Patienten von einem Arzt oder Heilpraktiker verordnet, so übernehmen einige Krankenkassen die Kosten.

So gewinnen Sie Kunden: Stellen Sie sich, nachdem Sie die Abschlussprüfung erfolgreich abgelegt haben, mit Ihrem Diplom bei Fachärzten für Naturheilkunde und bei Heilpraktikern vor und bieten Sie die Zusammenarbeit an. Außerdem können Sie für Ihre Tätigkeit mit Kleinanzeigen in der Tagespresse bewerben.

Tipp: Medizinische Fußpflegepraxen, gleich ob stationär oder mobil, können die Fußreflexzonenmassage ergänzend in ihr Angebot aufnehmen. Den Kunden der Fußpflegerinnen tut eine allgemeine Massage zur Anregung der Körperfunktionen allemal gut und bringt der Fußpflegerin eine zusätzliche Einnahme.

Auf einen Blick

Voraussetzungen: erfolgreicher Besuch eines Kurses mit Abschlussprüfung

Startkapital: etwa 1.500 Euro

Honorar: 20 bis 30 Euro je Massage

Besonders geeignet für: medizinische Fußpflegerinnen

Besonderheiten: Gewerbeanmeldung erforderlich

Gewürze aus aller Welt

Die Idee: Sie kennen vielleicht das Märchen, als ein König seine Töchter fragte, wie sehr sie ihn liebten. Die jüngste Tochter antwortete: „Ich liebe dich so sehr wie Salz." Daraufhin wurde sie von ihrem Vater verstoßen, der aber bald feststellen musste, wie wichtig Salz ist. Nun, es kam zu einem Happy End, wie in jedem Märchen. Ungewürzte Speisen schmecken nicht, und je besser Speisen gewürzt sind, um so schmackhafter sind sie auch. Doch Salz ist nicht das einzige Würzmittel. Auf der ganzen Welt wird gewürzt, und von dieser Vielfalt der Gewürze können auch Sie profitieren. Sie verkaufen Gewürze aus aller Welt und erzielen einen netten Zusatzverdienst.

Die Voraussetzungen: Sie sind Koch oder engagierter Hobbykoch, kennen nicht nur die in deutschen Landen üblichen Gewürze, sondern wissen beispielsweise auch, welche Gewürze in Japan oder Indonesien benutzt werden.

Das Angebot: Als Spezialist für Gewürze bieten Sie Ihren Kunden auf Wochenendmärkten oder per Versand ein breites Sortiment an Gewürzen an. Zusätzlich halten Sie für jedes Gewürz ein Merkblatt bereit, auf dem Sie beschreiben, woher das jeweilige Gewürz stammt und welche Speisen damit besonders schmackhaft zubereitet werden. Außerdem komponieren Sie fertige Würzmischungen.

So wird's gemacht: Ihre erste Aufgabe ist es, aus so vielen Kochbüchern wie nur möglich herauszuschreiben, welche Gewürze Verwendung finden und zu welchem Lebensmittel, beziehungsweise zu welchem Gericht, sie passen. Beschränken Sie sich nicht auf die deutsche Allerweltsküche, sondern suchen Sie besonders in Spezialitätenkochbüchern. Halten Sie dabei auch fest, in welchen Kombinationen die einzelnen Gewürze die Speisen verfeinern. Damit erhalten Sie eine Liste der Gewürze, die Sie für Ihre Kunden bereithalten sollten. Die Frage ist aber, woher soll man die bekommen? Hier hilft die IHK weiter, denn dort gibt es als Buch oder als CD-ROM das Nachschlagewerk *Wer liefert was?*. Hier finden Sie eine ganze Reihe von Großhändlern und Importeuren. Schreiben Sie diese an und bitten um Prospektmaterial und Preislisten. Danach bestellen Sie Ihre Erstausstattung, besorgen sich eine elektronische Waage und Cellophantütchen zur Verpackung. Sie füllen die Gewürze in Portionen zu je 25 Gramm ab, kleben Etiketten darauf und drucken auch die Zettelchen zum Verwendungsbereich der einzelnen Gewürze aus. Format DIN A6 dürfte ausreichen.

Ihrem ersten Marktauftritt steht nun fast nichts mehr im Wege. Sonnenschirm und Tapeziertisch haben Sie wahrscheinlich schon, und auch die Märkte, die Sie besuchen wollen, haben Sie sich schon herausgesucht. Das Wochenende kann kommen, und Sie verkaufen Gewürze aus aller Welt.

Die Startkosten: Der entscheidende Faktor für die Höhe der Startkosten ist die Größe Ihres Warenlagers. Die besten Einkaufspreise erzielen Sie bei großen Abnahmemengen, allerdings müssten Sie da tief in die Tasche greifen, wenn Ihr Sortiment auch breit genug angelegt sein soll. Bieten Sie auf alle Fälle ein breites Sortiment an, denn sonst können nen die Kunden auch im Supermarkt kaufen, wenn Sie nicht tatsächlich als Gewürz-Spezialist auftreten. Rechnen Sie mit einem Anfangslager von 1.500 Euro. Die elektronische Waage kostet um 60 Euro, und 1.000 Cellophantütchen erhalten Sie für 15 Euro.

Tapeziertisch, Sonnenschirm und einige Transportkartons haben Sie wahrscheinlich schon bereitgestellt.

Der Gewinn: Wenn Sie nicht in großen Mengen einkaufen, dann können Sie mit einem Gewinn von 30 bis 40 % vom Umsatz rechnen. Im Einkauf liegt der Gewinn, und wenn Sie herausfinden, welche Gewürze Sie am häufigsten verkaufen, dann können Sie davon ja größere Abpackungen bestellen.

So gewinnen Sie Kunden: Die Kundengewinnung ist auf Wochenendmärkten kaum ein Problem, wenn Ihr Stand appetitlich und dekorativ aufgemacht ist. Halten Sie einen Bestellzettel bereit, auf dem Ihr gesamtes Angebot mit Preisen verzeichnet ist. Den können die Kunden Ihnen zuschicken, und Sie liefern gegen Vorkasse.

Tipp: Versuchen Sie das Versandgeschäft auszubauen, und stellen Sie selbst Würzmischungen zusammen.

Auf einen Blick

Voraussetzungen: kaufmännisches Grundwissen, Verkaufstalent, Gourmet zu sein, schadet nicht

Startkapital: etwa 1.500 Euro

Gewinn: ab 30 % vom Umsatz

Besonders geeignet für: (Hobby-) Köche

Besonderheiten: Gewerbeanmeldung

Der Grabredner

Die Idee: Immer mehr Menschen kündigen die Mitgliedschaft bei ihrer Religionsgemeinschaft. Dies mag verschiedene Gründe haben, denen an dieser Stelle auch nicht nachzugehen ist. Tatsache jedoch ist, dass Menschen, die aus der Kirche ausgetreten sind, auch kein kirchliches Begräbnis erhalten. Dies mag dann, am Tag der Beisetzung, zum Erstaunen oder gar zu betroffenen Reaktionen der Trauergäste führen, wenn der Mensch, dessen Weggang aus dieser Welt beklagt wird, ganz sang- und klanglos in ein Erdloch auf dem Friedhof versenkt wird. Eine würdige Beisetzung kann dennoch organisiert werden, wenn Sie als Trauerredner das Begräbnis in Zusammenarbeit mit dem Bestattungsinstitut organisieren. Für die Trauergäste entfällt dann ein Stück Betroffenheit, und für Sie fällt ein angemessener Zusatzverdienst ab.

Der Grabredner

Die Voraussetzungen: Der Trauerredner muss, wie der Name schon sagt, es verstehen, den Hinterbliebenen und den Trauernden am offenen Grab mittels seiner rhetorischen Begabung einen würdevollen Abschied vom Verstorbenen zu ermöglichen. Er hat philosophische und psychologische Grundkenntnisse und sehr viel Einfühlungsvermögen. Es gelingt ihm, auch ohne Bezugnahme auf kirchliche Grundlagen, Trost zu spenden und den Abschied vom Verstorbenen mit dessen Wirken auf Erden so zu verbinden, dass Hinterbliebene und Trauergäste nicht das Gefühl haben, als wohnten sie einer Entsorgung bei.

Das Angebot: Der Grabredner tritt in der Regel dann auf, wenn der Verstorbene keiner Religionsgemeinschaft angehört und deshalb kein kirchlicher Ritus der Bestattung einen würdigen Rahmen verleiht.

Er kann allerdings auch für ein kirchliches Begräbnis engagiert werden, wenn jemand dem Verstorbenen am offenen Grab noch etwas zu sagen hat, einen Nachruf formulieren möchte, selbst aber nicht in der Lage ist, dies in die richtigen Worte zu fassen.

So wird's gemacht: Der Grabredner bereitet im stillen Kämmerlein eine Reihe von Reden vor, die er entsprechend den unterschiedlichen Situationen ausgestaltet. Kriterien hierfür sind: Ist der Verstorbene männlich oder weiblich, jung oder alt, durch einen Unfall ums Leben gekommen, hat er ein langes Leiden durch eine schwere Krankheit durchlebt? Wird der Grabredner für eine Trauerfeier engagiert, so trifft er sich zuerst mit dem Auftraggeber, meist mit den engsten Verwandten des Verstorbenen. Ruhig und trotzdem mitfühlend erfragt er die persönlichen Daten des Verstorbenen, seine berufliche Tätigkeit, besondere Verdienste und Leis-tungen, persönliche Verbindungen zu anderen Menschen, die Art und Weise, wie er zu Tode gekommen ist, und natürlich macht er auch Vorschläge, welche philosophische oder weltanschauliche Richtung seine Rede nehmen und wie die Trauerfeier ablaufen könnte.

Hat er die notwendigen Daten zur Verfügung, so modifiziert er die passende und in seinem Computer gespeicherte Rede entsprechend. Er druckt sie aus und bespricht das Redemanuskript mit den nächsten Angehörigen des Verstorbenen. Am Tag der Beisetzung erwartet der Trauerredner die Trauergäste in der Friedhofskapelle, aus der die kirchlichen Insignien entfernt wurden, und begrüßt die Gesellschaft. Wurde Trauermusik bestellt, so wird diese entweder live oder vom Band gespielt. Danach hält der Trauerredner seine Rede, in der er auf den Lebenslauf des Verstorbenen eingeht, seine Verdienste würdigt, den Hinterbliebenen Trost spendet. Nach dem Weg zum Grab spricht er im Namen der Hinterbliebenen einen Abschiedsgruß und gibt denjenigen, die persönlich einen Nachruf sprechen wollen, die Gelegenheit dazu. Damit ist seine Aufgabe beendet.

Die Startkosten: Steht dem Grabredner ein Computer (ca. 1.2500 bis 1.500 Euro) zur Verfügung, so fallen für ihn keine weiteren Startkosten an.

Honorar: Für eine Grabrede von 10 bis 20 Minuten Dauer können Sie zwischen 125 und 200 Euro berechnen. Übernehmen Sie die Organisation der Trauerfeier mit anschließendem Imbiss, so kann Ihr Honorar bis zu 300 Euro gehen.

So gewinnen Sie Kunden: Der Grabredner kann seinen Service in der Tagespresse in der Nähe der Todesanzeigen regelmäßig anbieten. Erfolgversprechender ist es, wenn er mit Bestattungsunternehmen zusammenarbeitet, die ihn empfehlen können.

Auf einen Blick

Voraussetzungen: Rhetorische Begabung, viel Taktgefühl

Startkapital: maximal 1.500 Euro, wenn kein Computer vorhanden

Honorar: zwischen 125 und 300 Euro je Bestattung

Besonders geeignet für: Pädagogen, Psychologen, Philosophen

Hausaufgabenbetreuung

Die Idee: Kinder möchten nicht immer so, wie Eltern wollen. Dies gilt insbesondere dann, wenn nach der Schule draußen Freunde warten und der eigene Sohn oder die Tochter noch an den Hausaufgaben sitzt. Erst kommt bei den Kindern Unmut auf, dann Abneigung gegen die von der Schule auferlegten Pflichten, also gehen sie den einfachen Weg, lassen Hausaufgaben Hausaufgaben sein und machen in Freizeit. Wenn dies öfter geschieht, lassen bald die schulischen Leistungen nach, und die Eltern fallen beim Elternsprechtag aus allen Wolken, wenn Sie erfahren, dass ihr Sprössling schon wochenlang keine Hausaufgaben angefertigt hat. Das können Sie als Hausaufgabenbetreuer verhindern und damit einen Nebenverdienst erzielen.

Die Voraussetzungen: Hausaufgabenbetreuer müssen mit dem Unterrichtsstoff ihrer Schützlinge vertraut sein. Am besten ist es, wenn Sie engen Kontakt zur Schule pflegen. Die betreuten Kinder sind in der Regel zwischen 7 und 16 Jahre alt. Die älteren Schüler haben ihren schulischen Abschluss schon dicht vor Augen und müssten hinreichend motiviert sein, dieses Ziel auch zu erreichen. Deshalb muss ein Hausaufgabenbetreuer im Stande sein, seinen Anvertrauten hinreichend Motivation zu vermitteln, um später auch allein seinen Pflichten nachzukommen. Er hat also eine erzieherische Aufgabe und sollte deshalb auch pädagogisches Talent haben.

Das Angebot: Der Hausaufgabenbetreuer kommt nachmittags in die Wohnung und beaufsichtigt die Anfertigung der Hausaufgaben des ihm anvertrauten Schülers. Er kontrolliert die Ergebnisse und korrigiert Fehler. Dabei gibt er dem Schüler auch Hinweise darauf, wie er selbst zur richtigen Lösung hätte kommen können.

So wird's gemacht: Stellt sich ein Hausaufgabenbetreuer bei den Eltern des Schülers vor, versucht er zunächst, möglichst viel über den Schüler zu erfahren. Über seine Hobbys, seine außerschulischen Interessen ebenso wie über die schulische Laufbahn und seine schulischen Ambitionen. Das ist wichtig, um den Schüler richtig ansprechen und motivieren zu können. Der ersten „Gegenüberstellung" mit seinem Schützling kommt besondere Bedeutung zu. Stimmt die „Chemie" zwischen den beiden nicht, so sind die Erfolgsaussichten nicht besonders gut. Wichtig ist, dass Sie herausstellen, dass Sie nicht engagiert werden, den Schüler zu drangsalieren, sondern ihm zu helfen. Stellen Sie deutlich heraus, dass Hausaufgabenbetreuung nicht mit Nachhilfeunterricht zu verwechseln ist.

Der nächste Weg des Hausaufgabenbetreuers führt in die Schule, wo er sich beim Klassenlehrer über den Schüler erkundigt. Die Eltern sollten aber zuvor dem Klassenlehrer Bescheid geben, denn einem Fremden darf der Lehrer nichts über den Schüler erzählen. Vom Lehrer erfährt der Betreuer weiteres über das schulische Verhalten des Schülers, seine Stärken und seine Defizite. Vereinbaren Sie mit dem Lehrer, dass der Schüler ein Heft führt, in dem die Hausaufgaben mit Ablieferungstermin eingetragen werden und in dem die jeweiligen Einträge vom Lehrer immer abgezeichnet werden. Auch wenn einmal keine Aufgaben zu erledigen sind, soll der Lehrer dies gegenzeichnen.

Die eigentliche Aufgabe, die Überwachung der Hausaufgaben, stellt keine besonderen Anforderungen. Kleine fachliche Defizite werden bald verschwinden. Hat der Schüler sich an die Regelmäßigkeit gewöhnt, mit der ständigen Übung durch Hausaufgaben seine Defizite ausgeglichen, so hat der Betreuer seine Aufgabe erfüllt und kann sich neuen Schützlingen zuwenden.

Die Startkosten: Diese Nebenverdienstmöglichkeit benötigt keine Startkosten.

Lohn: Hausaufgabenbetreuung ist keine Nachhilfe, und wird deshalb auch geringer honoriert. Gehen Sie von 7,50 bis 10 Euro je Zeitstunde aus. Hausaufgabenbetreuung findet an vier Nachmittagen in der Woche statt und nimmt bis zu zwei Stunden täglich in Anspruch. Es ist möglich, auch Geschwisterkinder gleichzeitig zu betreuen. Dann sollte das Stundenhonorar aber trotzdem nicht wesentlich über 10 Euro liegen. An einem Nachmittag können zwei Betreuungen durchgeführt werden, so dass der Wochenverdienst zwischen 100 und 150 Euro liegen kann.

So gewinnen Sie Kunden: Bieten Sie Ihren Service zunächst im näheren persönlichen Umfeld an, sprechen Sie in umliegenden Schulen beim Schulleiter vor und hinterlassen Sie Adresse und Telefonnummer. Auch Kleinanzeigen in der Rubrik „Unterricht" in der Tageszeitung bringen Aufträge.

Haushaltsauflösungen

Tipp: Haben Sie in Ihrer Wohnung genügend Platz, so können Sie auch mehrere Kinder gleichzeitig betreuen. Das Honorar je Kind wird dann geringer, insgesamt jedoch steigt Ihr Verdienst an. Auch ein kleiner Imbiss nach der Schule kann zu Ihrem Angebot gehören.

Auf einen Blick

Voraussetzungen: Geduld, pädagogisches Geschick

Startkapital: keines

Lohn: ab 100 Euro je Woche, bei 10 Euro/Stunde

Besonders geeignet für: Lehrer/innen, Schüler, Studenten

Besonderheiten: keine

Haushaltsauflösungen

Die Idee: Zum Leben gehört auch der Tod. Das ist normal, doch die Hinterbliebenen sehen das anders: Für sie ist immer ein besonders wertvoller und geliebter Mensch aus dem Leben geschieden. Ganz gleich, ob es der Vater, die Mutter ist. Die Trauer bestimmt nicht nur die ersten Tage bis zur Beisetzung, sondern reicht oft sehr viel länger. Hat der Verschiedene allein in eigenem Haushalt gelebt, so kommt auf die engsten Verwandten, die Erben, das Problem zu: Was mache ich mit den ganzen Sachen?

Doch auch bei Familien, die umziehen oder gar auswandern, können Sie helfen, wenn Sie den Haushalt auflösen.

Das Angebot: Der Haushaltsauflöser übernimmt die Aufgabe, im Auftrag einen Haushalt, gleich ob in einer kleinen Wohnung oder einem Einfamilienhaus, möglichst wirtschaftlich zu verwerten, die unverkäuflichen Reste zu entsorgen und die Wohnung oder das Haus mindestens besenrein zu hinterlassen.

So wird's gemacht: Wenn Sie engagiert wurden, einen Haushalt aufzulösen, so können Sie davon ausgehen, dass der Auftraggeber bereits durch die Wohnung gegangen ist und entschieden hat, welche Gegenstände er behalten will und diese meist auch schon aus der Wohnung entfernt hat. Ist der ehemalige Wohnungsinhaber verstorben, so haben sich die Verwandten des Verstorbenen Wertgegenstände und Erinnerungsstücke gesichert.

Wenn Sie nun die Wohnung oder das Haus besichtigen, sehen Sie das, was aus der Wohnung entfernt werden soll, beziehungsweise das, was für den Auftraggeber nicht mehr interessant ist. Allerdings möchte der Auftraggeber, weil er den Gegenständen noch einen (meist ideellen) Wert beimisst, gern noch einen Preis für die in der Wohnung befindlichen Gegenstände aushandeln. Jetzt ist Ihre Erfahrung gefragt und Ihre Marktkenntnis: Können Sie verschiedene Dinge weiterveräußern? Wenn ja, zu welchem Preis? Sie rechnen die Kosten für den Abtransport, den Lohn für die Helfer, die Lagerkosten, die Entsorgung des Unverkäuflichen dagegen, rechnen Ihren Gewinn ein und unterbreiten dem Auftraggeber ein Angebot. Übersteigen die Kosten die möglicherweise zu erzielenden Erlöse, dann muss der Auftraggeber, meist widerwillig, noch drauflegen. Aber so ist das manchmal bei Erbschaften.

Auf alle Fälle möchte der Auftraggeber die Sache schnell über die Bühne bringen, denn die Wohnung soll neu vermietet, das Haus verkauft werden, und Sie erhalten den Auftrag.

Nun beginnt die eigentliche Arbeit. Sie schalten in der Tageszeitung, möglichst am Samstag, eine Kleinanzeige und bieten die Wertgegenstände wie Möbel, Elektroherd, Kühlschrank, Waschmaschine, das Geschirr zum Verkauf an. Sie geben in der Anzeige Adresse und Termin an und bereiten sich auf den Verkaufstermin vor. Alle Gegenstände von Wert werden von Ihnen gesammelt und auf die vorhandenen Tische gestellt. Sie fertigen eine Liste der zu verkaufenden Gegenstände an und heften Preisschilder an die entsprechenden Gegenstände. Natürlich verbleibt dann, wenn sich am Verkaufstag Interessenten gefunden haben, noch Verhandlungsspielraum. Käufern von größeren Teilen können Sie die Anlieferung anbieten.

Am Tag danach beginnen Sie die verbliebenen Gegenstände zu sortieren. Was können Sie vielleicht selbst noch veräußern? Was ist absolut wertlos und muss entsorgt werden? Sie verpacken die Gegenstände, die Sie noch behalten wollen und lassen sie in Ihr Lager bringen. Was dann noch übrig bleibt, wird zur kommunalen Mülldeponie oder Verbrennungsanlage gebracht. Zuletzt wird die Wohnung oder das Haus gesäubert, und Sie haben Ihren Auftrag erfüllt.

Die Voraussetzungen: Haushaltsauflöser benötigen kaufmännisches Talent und Verhandlungsgeschick. Wichtig ist auch Organisationstalent, um die Gegenstände aus der Haushaltsauflösung möglichst schnell wieder loszuwerden. Von großem Vorteil ist ein eigenes Lager und ein eigener Kleintransporter. Allerdings kann der auch gemietet werden. Das Lager kann ruhig auch in Randgebieten von Städten liegen oder auch eine Scheune sein, die ein Landwirt im Umland nicht mehr benötigt. Der Haushaltsauflöser braucht eine Gruppe von Helfern, wenn es gilt, die Wohnung endgültig zu räumen und den Transporter zu beladen. Wichtig sind auch Kontakte zu Schrotthändlern, die bestimmte Materialien verwerten können.

Das Startkapital: Günstig ist es, wenn ein Transportfahrzeug schon zur Verfügung steht. Ansonsten kann es gebraucht gekauft oder von Fall zu Fall gemietet werden. Ein

Haushaltsauflösungen

Lagerraum sollte unbedingt verfügbar sein. Da an diesen keine hohen Ansprüche gestellt werden, liegt die Miete relativ niedrig. Die Miete sollte aus den laufenden Einnahmen bezahlt werden. So kann man bestenfalls schon mit den Kosten für die erste Lagermiete und den Anzeigenkosten beginnen. Das müssen nicht mehr als 250 Euro sein.

Der Gewinn: Stellen Sie dem Auftraggeber einen Stundensatz von 15 Euro in Rechnung, wenn Sie keine Möglichkeit sehen, mit den geräumten Gegenständen einen Erlös zu erzielen. Ansonsten sollte die Räumung für den Auftraggeber kostenfrei sein. Von Ihrem organisatorischen Geschick, Ihren handwerklichen Fähigkeiten und Ihrem Verkäufertalent hängt es wesentlich ab, wie hoch der Gewinn für Sie ausfällt. Verkaufen Sie die gebrauchten Gegenstände von Ihrem Lager aus, inserieren Sie in den Anzeigenblättern, und vergleichen Sie dort auch die Preise.

Leicht transportable Gegenstände können Sie selbst auf Trödelmärkten verkaufen, schwierig zu transportierende Gegenstände (wie beispielsweise antike Möbel) fotografieren Sie und legen dann an Ihrem Trödelmarktstand ein Fotoalbum aus. Auf alle Fälle sollten Sie an diesem Stand dann auch Handzettel auslegen, um für Ihren Lagerverkauf zu werben.

Bei Kleidungsstücken sollten Sie Kontakt zu Second Hand Shops aufnehmen oder größere Mengen unverkäuflicher Kleidungsstücke an Textilverwerter verkaufen.

Insgesamt sollte eine Haushaltsauflösung, nach Abzug aller Kosten, einen Gewinn von mindestens 250 bis 500 Euro abwerfen.

So gewinnen Sie Kunden: Die am weitesten verbreitete Möglichkeit Kunden zu gewinnen, ist die Kleinanzeige in der Tagespresse und in den Anzeigenblättern. Plazieren Sie die Anzeige in der Nähe von „Umzüge" oder unter „Sonstiges".

Bei taktvollem Vorgehen können Sie auch einen Standardbrief verfassen und bei Todesfällen an das Trauerhaus verschicken. Gehen Sie in diesem Fall sehr rücksichtsvoll mit den Hinterbliebenen um und bitten Sie, falls man überlegte, Ihre Dienste in Anspruch zu nehmen, um einen telefonischen Rückruf. Keinesfalls sollten Sie hier aufdringlich wirken. Die Adressen finden Sie dann, wenn Sie die Todesanzeigen in der Tagespresse sichten. In den Anzeigen werden auch die trauernden Hinterbliebenen genannt, die für Sie Ansprechpartner sein können. Im Telefonbuch finden Sie dann meist die zugehörige Adresse. Sind die engsten Hinterbliebenen nicht ortsansässig, so richten Sie Ihren Brief an das Trauerhaus XY, die Adresse sollte auszumachen sein.

Nehmen Sie auch Kontakt zu Bestattungsunternehmern auf. Diese haben direkten Kontakt zu den Hinterbliebenen und können taktvoll Ihren Service anbieten. Meist können sie auch beurteilen, ob Ihre Dienstleistung vermutlich in Anspruch genommen wird.

Tipp: Wenn Sie diesen Nebenverdienst einige Zeit betreiben und genügend Erfahrung gesammelt haben, wissen Sie genau, in welchen Bereichen die besten Verdienstmöglichkeiten liegen und konzentrieren sich dann darauf. Möglicherweise können Sie dann diesen rentablen Bereich zum Hauptberuf machen und ein Gewerbe anmelden.

Auf einen Blick

Voraussetzungen: Kaufmännisches Denken, Organisationstalent, kräftige Konstitution

Startkapital: bis 500 Euro, wenn Transportfahrzeug vorhanden ist oder gemietet wird

Gewinn: abhängig vom Verkaufswert der Gegenstände, Stundenlohn 15 Euro

Besonders geeignet für: Handwerker

Besonderheiten: keine

Haustierbetreuung

Die Idee: Herrchen oder Frauchen haben nicht immer Zeit für ihre vierbeinigen, geflügelten oder im Wasser schwimmenden Lieblinge: Wenn sie beispielsweise Urlaub machen möchten, auf Geschäftsreise sind, Verwandtenbesuche machen... können die Haustiere nicht sich selbst überlassen werden. Hier können Sie im Nebenverdienst den Tierliebhabern helfen und selbst die Haushaltskasse aufbessern.

Die Voraussetzungen: Der professionelle Tierfreund mag nicht nur Tiere, sondern er kann sachverständig mit ihnen umgehen. Er kann mit Tieren gut kommunizieren, er hat Geduld, er hat Erfahrung mit Haustieren und Zeit. Wenn er ein Haus mit großem umzäunten Garten hat, verbessert das seine Möglichkeiten.

Das Angebot: Der Haustierbetreuer übernimmt während der Abwesenheit der Haustierbesitzer die Pflege der Tiere entweder im Haus oder in der Wohnung der Kunden oder, wenn das nicht möglich ist, auch in seinem Haus. Er übernimmt es aber auch, regelmäßig Hunde auszuführen und sie mit Futter zu versorgen, wenn sie daran gewöhnt sind, ansonsten in der Wohnung zu bleiben. Er bietet an, alle Haustiere zu versorgen und zu pflegen, mit denen er Erfahrungen gesammelt hat. Nur sehr selten wird es vorkommen, dass man ihn bittet, die Betreuung eines Krokodils zu übernehmen.

So wird's gemacht: Die Arbeit des Haustierbetreuers ist so vielseitig, wie es verschiedene Haustiere gibt, von Exoten einmal abgesehen. Er reinigt Vogelkäfige, füttert die gefiederten Freunde, gibt frisches Trinkwasser. Er holt Hunde zum Spaziergang ab.

Haustierbetreuung

Er reinigt Katzenklos, bringt neues Katzenstreu mit und reinigt auch das Fell, wenn es gewünscht wird. Ebenso kümmert er sich um Kaninchen, Zierfische, Schildkröten und was es noch in deutschen Haushalten gibt. Weil der Haustierpfleger das Heim der Tierbesitzer in deren Abwesenheit betritt, wird von ihm absolute Ehrlichkeit und Gewissenhaftigkeit verlangt.

Der Haustierbetreuer bietet seinen Kunden aber auch an, die Tiere für begrenzte Zeit in seinem Haus aufzunehmen. Dann muss er allerdings darauf achten, dass die sprichwörtliche Feindschaft zwischen Hund und Katz nicht aufleben kann. Die Kanarienvögel sind so zu halten, dass nicht ständig die Katze mit hungrigem Blick um den Käfig schleichen kann. Das bringt die Vögel in Panik.

Selbstverständlich ist es, dass er mit den Tieren seiner Kunden sehr liebevoll und vorsichtig umgeht. Er läßt Vögel nicht frei in seiner Wohnung fliegen, und beim Spaziergang bleibt der Hund an der Leine. Katzen werden grundsätzlich in der Wohnung oder im Haus gehalten. Damit die Polstergarnitur nicht Schaden nimmt, besorgt er einen Kratzbaum, an dem sich die kleinen Panther vergnügen können.

Achten Sie darauf, dass alle Tiere, die Sie in Pension nehmen, frei von Krankheiten sind und entsprechenden Impfschutz haben.

Die Startkosten: Startkosten benötigt dieser Nebenverdienst nicht, da der Haustierbetreuer sich selbst als Kapital einbringt.

Beherbergt er Haustiere, so kann es erforderlich werden, dass er in seinem Garten Unterkünfte für Hunde einrichtet, obwohl die lieber in der Wohnung sind (150 Euro). Für Katzen steht ein Kratzbaum (ab 40 Euro) zur Verfügung.

Der Gewinn: Für stundenweise Betreuung sollten Sie nicht mehr als 7,50 Euro in Rechnung stellen. Führen Sie mehrere Hunde gleichzeitig aus, verbessert das Ihren Verdienst. Für die Pension empfiehlt sich, je nach Tierart, ein Tagessatz zwischen 5 und 12,50 Euro.

So gewinnen Sie Kunden: Die erste Möglichkeit Kunden zu werben ist es, Kleinanzeigen in der örtlichen Tagespresse zu schalten. Versuchen Sie aber auch mit Zoohändlern ins Gespräch zu kommen und hinterlassen Sie dort Ihre Visitenkarte und ein Merkblatt, auf dem Sie Ihren Service beschreiben. Der Zoohändler wird Sie seinen Kunden empfehlen, zumal Sie ja bei ihm ein guter Kunde sind. Auch Anschläge am „Schwarzen Brett" von Supermärkten für Haustierbedarf verfehlen ihre Wirkung nicht.

Haben Sie schon Kunden und gehen beispielsweise regelmäßig mit drei Hunden spazieren, werden Sie gewiss mit anderen Hundebesitzern ins Gespräch kommen und können diesen von Ihrem Service erzählen. Die nächste „Urlaubsvertretung" kann die Folge sein.

Tipp: Achten Sie darauf, selbst ständig Impfschutz gegen Diphtherie und Wundstarrkrampf zu haben, denn es ist nicht auszuschließen, dass Sie einmal gebissen oder gekratzt werden.

Auf einen Blick

Voraussetzungen: Tierliebe, Kontaktfreude, Gewissenhaftigkeit

Startkapital: keines

Stundenlohn: durchschnittlich 7,50 bis 10 Euro je Stunde

Besonders geeignet für: Rentner, Schüler

Besonderheiten: Impfung nicht vergessen

Hochdruckreinigung

Die Idee: Manche Flächen sind dann, wenn sie einmal richtig verschmutzt sind, nur sehr schwierig zu reinigen. Bevor man aber mit aggressiven Laugen und Wurzelbürste meist vergebliche Reinigungsversuche unternimmt, sollte man es vielleicht mit Heißdampf oder Wasser unter hohem Druck versuchen. Doch weil diese Fälle im normalen Haushalt nicht so häufig auftreten, ist es wahrscheinlich zu kostspielig, sich geeignete Reinigungsgeräte zu beschaffen. Anders ist es allerdings, wenn man solche Reinigungsarbeiten häufiger durchführt. Dies könnte für Sie die Chance sein, einen Zusatzverdienst zu erzielen.

Die Voraussetzungen: Zur Reinigung stark verschmutzter Flächen sind keine besonderen Kenntnisse und Fertigkeiten erforderlich, jedenfalls nicht in solchem Umfang, als dass man sich dies nicht durch „Learning by Doing" aneignen könnte. Wichtiger hingegen ist es, genügend Ideen zu haben, die Werbetrommel für seine Dienstleistung zu drehen.

Das Angebot: Sie bieten Ihren Kunden an, mit der Hilfe Ihrer Geräte stark verschmutzte Flächen zu säubern. Das reicht vom Teppichboden vor dem Einzug ins neue Heim bis zur Säuberung der Waschbetonplatten auf der Terrasse, wenn sich darauf Schmutz und Moos angesetzt haben.

So wird's gemacht: Der Einsatz von vier wirkungsvollen Reinigungsgeräten, mit denen Sie – je nach Aufgabenstellung – den Saubermann spielen, ist das Wesentliche Ihrer Dienstleistung. Für Ihren speziellen Reinigungsdienst setzen Sie einen leistungsfähigen Industriestaubsauger, ein Shampooniergerät, ein Heißdampfgerät und einen Heiß-

Hochdruckreinigung

dampfhochdruckreiniger ein. Stellen wir dies an der Säuberung einer Gartenterrasse, die mit Waschbetonplatten ausgelegt ist, dar.

Zunächst begutachten Sie die Art der Verunreinigung. Handelt es sich lediglich um Schmutz, der aus dem Garten mitgebracht wurde, um Ansätze von Vermoosung auf der Oberfläche, dann dürfte eine „Behandlung" mit dem Hochdruckstrahler ausreichen. Soll die Terrassenfläche nachhaltig von der Vermoosung befreit werden, so sollten Sie die Heizung des Hochdruckstrahlers mobilisieren und mit heißem Dampf unter Hochdruck arbeiten. Diese Behandlung überlebt weder Kraut noch Moos. Ein chemischer Reinigungszusatz im Wassertank führt zu hervorragenden Reinigungsergebnissen. Dann allerdings spülen Sie mit klarem Wasserdampf nach und trocknen die Terrassenfläche, wenn Ihnen die Sonne diese Arbeit nicht abnimmt.

Bei der Teppichreinigung shampoonieren Sie die Fläche gründlich ein, lassen dem Reinigungsmittel Zeit einzuwirken und saugen dann den Schmutz mit einem starken Staubsauger ab. Zur Teppichreinigung können Sie allerdings auch das Heißdampfgerät benutzen, das ohne Chemikalien auskommt. Ratsam ist die Imprägnierung des Teppichbodens mit einem Spray, das verhindert, dass sich der Staub im Teppich festsetzt. Das erleichtert Ihren Kunden die normale Reinigung mit dem Staubsauger. Das Heißdampfgerät eignet sich hervorragend zur Reinigung von Fenstern und Fensterrahmen.

Die Startkosten: Die Beschaffung der einzelnen Geräte ist nicht ganz billig, aber Sie können ja mit einem Gerät starten und die weiteren Geräte aus dem erzielten Gewinn finanzieren. Die Shampooniermaschinen können Sie anfangs auch bei Reinigungen entleihen. Dann kostet die Tagesmiete etwa 25 Euro. Für das Heißdampfgerät müssen Sie mit 300 Euro rechnen, ein leistungsstarker Staubsauger kostet bis zu 500 Euro und der Hochdruckreiniger mit Heißdampf schlägt mit rund 400 Euro zu Buche.

Lohn: Berechnen Sie Ihren Kunden für die Arbeitsstunde 10 bis 12,50 Euro, den Geräteeinsatz je Stunde mit 10 Euro. Die verwendeten Reinigungsmittel werden getrennt in Rechnung gestellt.

So gewinnen Sie Kunden: Kunden finden Sie durch Werbung mit Kleinanzeigen in der Tagespresse oder in den Anzeigenblättern. Verteilen Sie auch Flugblätter mit Ihrem Angebot in die Briefkästen, vornehmlich in Wohngebieten mit vielen Einfamilienhäusern.

Nehmen Sie auch Kontakt zu Hausverwaltungen und Hausmeistern auf. Bieten Sie bei Architekten die Grundreinigung nach Fertigstellung von Bauten an.

Tipp: Melden Sie Ihr Gewerbe an und achten Sie schon bei der Anmeldung darauf, dass Sie nicht mit den inzwischen dem Handwerk zuzurechnenden Gebäudereinigern in Konflikt kommen. Abmahnungen und weitere Schwierigkeiten wären die Folge.

> **Auf einen Blick**
>
> **Voraussetzungen:** Kontaktfreude für die Kundengewinnung
>
> **Startkapital:** bis zu 2.000 Euro
>
> **Lohn:** etwa 15 Euro je Stunde
>
> **Besonderheiten:** Gewerbeanmeldung, Vorsicht wegen Handwerksnähe

Hochzeitsfeiern planen und organisieren

Die Idee: Von diesem Tag träumen junge Männer und Frauen oft jahrelang und schmücken diesen Tag in ihren Gedanken in rosaroten Farben: Der Tag der Hochzeit. Es soll der schönste Tag im Leben des jungen Paares werden. Damit dieser Traum auch wahr wird und keine Pannen das junge Glück schon in den ersten Stunden der amtlich und kirchlich besiegelten Gemeinsamkeit trüben können und das Fest auch für alle Gäste zu einem unvergesslichen Erlebnis wird, übernimmt der Hochzeits-Manager die Regie.

Das Angebot: Der Hochzeitsmanager übernimmt die Rundum-Planung und Organisation des Hochzeitsfestes. Das reicht von der Beratung bezüglich der Bekleidung der Brautleute über die Auswahl des Restaurants für das Festessen bis zur Organisation der Hochzeitsreise, auf der sich das glückliche Paar durchaus noch auf angenehme Überraschungen gefasst machen kann.

So wird's gemacht: Am Anfang der Tätigkeit steht eine Unterhaltung mit den Verlobten und – wenn das erwünscht ist – auch mit deren Eltern, insbesondere dann, wenn diese das Fest ausrichten und die Kosten übernehmen. In dieser Unterredung werden zunächst das Budget und die für das Brautpaar wesentlichen Bestandteile des Festes festgelegt. Der Hochzeits-Manager sollte das Gespräch sehr ungezwungen führen, sollte die Gästeliste erbitten und darauf für das Paar sehr wichtige Personen (beispielsweise die Trauzeugen) kennzeichnen, damit diese bei der Tischordnung entsprechend plaziert werden. Erkunden Sie Vorlieben des Paares bezüglich Musik und, ganz besonders wichtig, fragen Sie das Paar, was auf gar keinen Fall ihren Ehrentag trüben soll. So könnte beispielsweise eine "Überraschung", der Auftritt eines Magiers oder eines Kinderchores nicht unbedingt nach dem Geschmack der Jungvermählten sein.

Mit diesen Informationen versorgt, macht sich der Hochzeits-Manager auf den Weg an seinen Schreibtisch. Dort hat er eine ganze Sammlung von Unterlagen: eine Liste von Restaurants unterschiedlicher Größe und unterschiedlichen Niveaus. Selbstverständlich haben Sie auch die Speisenkarte der einzelnen Restaurants zur Hand und können damit Menüvorschläge entwickeln. Wollen die Brautleute mit einer Kutsche fahren, kein Pro-

Hochzeitsfeiern planen und organisieren

blem. Oder doch lieber mit einem Rolls Royce oder vielleicht in einem Original Londoner Taxi? Auch kein Problem, denn Sie haben als Hochzeitsmanager alle Adressen zur Verfügung und kennen auch die aktuellen Preise.

Punkt für Punkt füllen Sie nun das vorbereitete Organisationsschema aus, setzen die voraussichtlichen Kosten dazu, müssen vielleicht an einer Ecke einsparen, um einen besonderen Wunsch zu erfüllen.

Der Hochzeitsmanager kann sich in das Hochzeitspaar hineindenken und visualisiert die einzelnen Ereignisse an diesem Tag. Er notiert den Zeitablauf und organisiert auch die Beförderung der Gäste, die nicht mit eigenem PKW anreisen.

Steht das Konzept, so wird es mit den Auftraggebern noch einmal durchgesprochen, und dann werden die einzelnen Punkte fixiert und die Aufträge erteilt. Als Hochzeitsmanager sind Sie auch am großen Tag anwesend, kontrollieren die Abläufe und können eingreifen, wenn etwas aus dem Ruder zu laufen droht.

Hat sich das Ehepaar auf die Hochzeitsreise verabschiedet, können Sie entspannen, denn dann ist der Tag gelaufen. Da Sie den im Budget zur Verfügung stehenden Geldbetrag bereits erhalten haben, können Sie am Tag danach alle Rechnungen begleichen und die Abrechnung mit dem Auftraggeber vorbereiten.

Die Voraussetzungen: Die wichtigsten Voraussetzungen für einen Hochzeitsmanager sind ein außerordentlich großes Organisationstalent, Einfühlungsvermögen, Kontaktfreude, Kreativität und Flexibilität.

Das Startkapital: Stehen Telefon und Telefax zur Verfügung, bedarf es keiner weiteren Anschaffungen. Vorteilhaft, aber nicht unbedingt erforderlich, ist ein PC, auf dem die wichtigsten Adressen, Briefe, Anfragen und Auftragsformulare vorbereitet und gespeichert sind. Das erleichtert die Arbeit enorm.

Der Gewinn: Als Stundenhonorar stellen Sie den Auftraggebern 20 Euro in Rechnung. Den größeren Teil Ihres Gewinns erzielen Sie durch Provisionen beispielsweise beim Floristen, der den Brautstrauß und den Schmuck der Festtafel bereitstellt, vom Bekleidungshaus, das das Paar einkleidet, vom Restaurant, in dem das Hochzeitsmahl eingenommen wird, vom Reisebüro, bei dem Sie die Hochzeitsreise buchen, vom Taxiunternehmer, der die Gäste vom Bahnhof abholt und am Abend zurückbringt ... So summieren sich die Provisionen auf bald zwei Drittel des gesamten Honorars.

So gewinnen Sie Kunden: Kleinanzeigen in der Tageszeitung, Aushänge in Rathäusern und Standesämtern beobachten und dann persönliche Vorsprache. Insbesondere unter den Gästen sollte bekannt sein, wer bei diesem Fest Regie geführt hat. Wer weiß, wer als nächste/r den schönsten Tag im Leben feiert?

> **Auf einen Blick**
>
> **Voraussetzungen:** Organisationstalent, Phantasie, Kontaktfreude
>
> **Startkapital:** maximal 250 Euro
>
> **Gewinn:** etwa 15 % vom Umsatz
>
> **Besonders geeignet für:** Organisationstalente
>
> **Besonderheiten:** keine

Informationsbeschaffung

Die Idee: Informationen sind ein wichtiges Kapital, und Unternehmen, die informiert sind, verfügen über entscheidende Wettbewerbsvorteile. Auch Journalisten sind bei Ihrer Berichterstattung von Hintergrundwissen abhängig. Wissenschaftliche Einrichtungen müssen ständig über aktuelle Entwicklungen auf ihrem Fachgebiet und angrenzenden Wissensgebieten informiert sein. In vielen Fällen drängt aber die Zeit, und diejenigen, die wichtige Nachrichten benötigen, haben nicht die Zeit, nach diesen Informationen zu suchen. Das Wissen der Welt ist heute der Öffentlichkeit in hohem Maße zugänglich, aber es ist äußerst schwierig, aus der Menge der Neuigkeiten die benötigten Informationen zu selektieren. Dies bringt auch Schwierigkeiten für Doktoranden und Diplomanden mit sich, wenn sie an ihrer Dissertation oder Diplomarbeit arbeiten. Zudem benötigen sie die zur Verfügung stehende Zeit weit mehr dafür, die Informationen zu verarbeiten, als sie zu suchen. Deshalb haben Sie Gelegenheit, einen Zusatzverdienst zu erzielen, wenn Sie den Informationsbedarf der Wissensdurstigen befriedigen können.

Die Voraussetzungen: Ein sehr großer Teil der benötigten Informationen ist heute über das Internet zugänglich. Weltweit stehen über 6.000 Datenbanken zur Verfügung, aus denen die wichtigsten Informationen abgerufen werden können. Deshalb sollten Sie ein routinierter "Surfer" sein, die Systematik der im Web verfügbaren Suchmaschinen genau kennen und auch die technischen Voraussetzungen mitbringen. Akademische Vorbildung ist hilfreich, aber nicht unbedingt erforderlich. Allerdings sollten Sie bei der Suche nach bestimmten Informationen Wesentliches von Unwesentlichem trennen können und Ihren Auftraggeber nur mit dem versorgen, was ihn wirklich interessiert.

Für die Suche im Internet ist eine entsprechende EDV-Ausstattung erforderlich.

Das Angebot: Sie bieten Ihrem Auftraggeber die Beschaffung von Informationen aller Art an, soweit sie öffentlich zugänglich sind.

Informationsbeschaffung

So wird's gemacht: Wenn Sie von einem Kunden einen Suchauftrag erhalten, so muss dieser genau spezifiziert sein, damit Sie nicht zu viel Informationen herbeischaffen, die in diesem Umfang nicht benötigt werden. Lassen Sie sich von Ihrem Auftraggeber die Fragestellung genau notieren.

Erste Informationsquelle sind Bibliotheken und das Verzeichnis lieferbarer Bücher. Suchen Sie zunächst diese Quellen ab, und stellen Sie eine Literaturliste zusammen, in der die entsprechende Fachliteratur zur gestellten Frage möglichst aktuell behandelt wird. Mit dieser Liste fragen Sie bei Universitätsbibliotheken und kommunalen Bibliotheken nach, ob die entsprechenden Werke zur Ausleihe zur Verfügung stehen. Da große Bibliotheken zusammenarbeiten, können Sie in Köln ein Buch bestellen, das beispielsweise in der Stadtbibliothek von Düsseldorf zur Ausleihe angeboten wird.

Danach verschaffen Sie sich Zugang ins Internet und bemühen zunächst nationale und dann internationale Suchmaschinen, indem Sie entsprechend der Systematik der Suchmaschinen Stichworte zu Ihrer Fragestellung eingeben. Dabei ist es wichtig, die Syntax der Suchmaschinen genau zu kennen, um nicht Tausende von Fundstellen genannt zu bekommen. Je präziser Sie suchen, umso schneller gelangen Sie ans Ziel. Mit hoher Wahrscheinlichkeit werden Sie fündig und können Ihrem Auftraggeber die Informationen als Datei oder als Ausdruck zur Verfügung stellen.

Bei sehr komplizierten Fragestellungen können Sie in Newsgroups und Informationsforen, die es zu allen möglichen Fragestellungen gibt, nachfragen. Die Web-Gemeinde wird Ihnen wahrscheinlich mit zusätzlichen Informationen behilflich sein.

Die Startkosten: Zur Internet-Recherche benötigen Sie einen Computer mit Modem, ein ISDN-Anschluss ist wegen höherer Übertragungsgeschwindigkeit sehr sinnvoll. Die Kosten liegen um 1.750 Euro.

Honorar: Ihr Honorar ist abhängig von dem Umfang des Suchauftrags. Gehen Sie von einer Pauschale von 75 Euro je Fragestellung aus. Sollte sich die Suche einfacher gestalten, so können Sie immer noch einen Preisnachlass gewähren. Rechnen Sie per Stundenlohn ab, so legen Sie 15 Euro/Stunde plus der entstandenen Leitungsgebühren in Rechnung.

So gewinnen Sie Kunden: Kunden können Unternehmen mit hohem Informationsbedarf, Zeitschriftenredaktionen oder wissenschaftliche Einrichtungen sein. Bieten Sie deshalb Ihren Service in den IHK-Mitteilungen und mit einer Kleinanzeige in der Tagespresse an.

Außerdem können Sie Unternehmen anschreiben und ihnen ein Angebot unterbreiten. Die Adressen entnehmen Sie dem Branchenfernsprechbuch.

> **Auf einen Blick**
>
> **Voraussetzungen:** analytisches Denken, akademische Ausbildung von Vorteil
>
> **Startkapital:** bis 1.750 Euro
>
> **Honorar:** ab 75 Euro je Recherche oder 15 Euro/Stunde
>
> **Besonders geeignet für:** Studenten/innen
>
> **Besonderheiten:** keine

Kinderbetreuung

Die Idee: Viele Frauen möchten einem Beruf nachgehen oder nach einer Babypause wieder in ihren alten Beruf einsteigen. Doch häufig scheitert das daran, dass niemand da ist, der das Kind in der Zwischenzeit betreut. Hier könnten Sie einspringen, die Mutter kann in ihren Beruf zurückkehren, und Sie können Ihre Haushaltskasse aufbessern.

Die Voraussetzungen: Wenn Sie Kinder anderer Mütter in Ihrem Haushalt betreuen, dann sollten Sie über eine große Wohnung verfügen, in der auch Platz für ein Spielzimmer ist. Es ist von Vorteil, wenn Sie selbst Kinder haben, mit denen Ihr kleiner Gast zusammen spielen kann. Dann können die Kinder miteinander spielen, das Spielzeug teilen, und Sie müssen nicht ständig dabeibleiben. Sie können Kinder aber auch im Haushalt Ihrer Auftraggeberin betreuen. Hier ist Ehrlichkeit angesagt, denn immerhin stehen Ihnen (fast) alle Türen offen. Sie sollten grundsätzlich „ein Herz für Kinder" haben und auch erzieherisches Geschick.

Das Angebot: Wie oben schon erwähnt, kann die Kinderbetreuung in Ihrem Haushalt, aber auch in einem anderen Haushalt stattfinden. Werden die Kinder zu Ihnen gebracht, dann können Sie Ihrem Gast auch die Versorgung mit Mahlzeiten anbieten. In Ihrem Haushalt können Sie auch mehrere Kinder gleichzeitig betreuen. Betreuen Sie die Kinder im Haushalt der Auftraggeberin, bieten Sie auch Haushaltsführung, Einkäufe, Haushaltsreinigung und die Zubereitung von Mahlzeiten an.

So wird's gemacht: Schon früh morgens, gegen 7.30 Uhr, klingelt es an der Wohnungstür, und Ihr erster Gast kommt, schwer beladen mit seinem Lieblingswuscheltier, zur Wohnungstür herein. Nun kommt Leben in Ihr Heim. Übersprudelnd vor Mitteilungsdrang werden die neuesten Erlebnisse berichtet, während der kleine Gast am Esstisch Platz nimmt und Sie ihn mit dem Frühstück versorgen. Geduldig hören Sie zu, achten aber auf die Türklingel, denn Sie erwarten noch ein Kind. Eine Dreiviertelstunde später haben beide Kinder gefrühstückt, die neuesten Neuigkeiten erzählt und wollen spielen. Sie haben das Spielzimmer gelüftet und gut beheizt. Die Kinder ziehen sich

Kinderbetreuung

ihre Hausschuhe an und holen sich ein Spiel aus dem Regal. Sie beobachten, dass alles ruhig und in geregelten Bahnen verläuft. Gibt es irgendwann mal Streit, so stehen Sie zur Problemlösung bereit. Das kommt allerdings selten vor, denn die Kinder haben schnell gelernt, die bei Ihnen geltenden Regeln einzuhalten. Am späteren Vormittag erledigen Sie zusammen mit den Kindern kleinere Einkäufe, besuchen den Spielplatz und sammeln vielleicht auch Bastelmaterial, das später noch verwendet werden soll. Nach der Rückkehr setzen die Kinder ihr Spiel im Kinderzimmer fort oder sie „helfen" bei der Zubereitung des Mittagessens. Ist das fertig bereitet, versammeln sich alle Kinder wieder am Esstisch. Das erste Kind wird gegen 13.00 Uhr abgeholt, das zweite eine halbe Stunde später. Betreuen Sie die Kinder im Heim Ihrer Auftraggeberin, dann bleibt Ihnen bei Ihrer Ankunft nur kurze Zeit, um sich von der Mutter über die zu erledigenden Tätigkeiten informieren zu lassen. Der Einkaufszettel liegt bereit und auch der Abholschein für die Reinigung liegt daneben. Sie kümmern sich um die hygienischen Handlungen, kleiden das Kind an, frühstücken mit ihm, und dann geht es hinaus an die frische Luft. Am Spielplatz wird eine kurze Spielpause eingelegt, dann werden die Einkäufe erledigt. Nach der Rückkehr beschäftigen Sie sich mit dem Kind, bewundern das entzückende „Gemälde" und bieten ihm neue Spiele an. Am liebsten aber ist es in Ihrer Nähe, auch wenn Sie schon das Mittagessen vorbereiten. Und wenn die Mami gegen 13.00 Uhr nach Hause kommt, kann sie sich an den gedeckten Mittags-tisch setzen und Sie haben Ihre Betreuung beendet.

Die Startkosten: Wenn Sie im Haushalt Ihrer Auftraggeberin arbeiten, fallen keine Startkosten an. Kommen die Kinder zu Ihnen, dann sollten Sie gut mit Spielzeug ausgestattet sein. Haben Sie kein Spielzeug von eigenen Kindern, können Sie es auf Trödelmärkten preisgünstig erstehen und nach gründlicher Reinigung den Kindern zur Verfügung stellen.

Lohn: Wenn Sie Kinder in fremdem Haushalt betreuen und dabei auch noch Arbeiten im Haushalt erledigen, dann ist in Großstädten ein Stundenlohn von 10 Euro die Regel. Betreuen Sie mehrere Kinder in Ihrem Haushalt, dann berechnen Sie je Kind und Stunde 5 Euro, die Kosten für die Mahlzeiten belaufen sich auf 2,50 Euro täglich.

So gewinnen Sie Kunden: In den allermeisten Fällen müssen Sie sich nicht bemühen, sondern Sie reagieren auf Suchanzeigen in der Tagespresse. Allerdings können Sie auf gleichem Weg auch Ihren Dienst anbieten.

Auf einen Blick

Voraussetzungen: erzieherisches Talent, Erfahrung im Umgang mit Kindern

Startkapital: keines

Lohn: ca. 7,50 bis 12,50 Euro je Stunde

Besonders geeignet für: ältere und jüngere Hausfrauen

Kindergeburtstage feiern

Die Idee: Kindergeburtstage sind auch nicht mehr das, was sie einmal waren. Zum Glück für die Kinder möchte man zuweilen sagen, denn Kuchen auf den Tisch und dann hinaus in den Garten, um Verstecken zu spielen, ist bei den Kids „out". Es soll schon ein Event sein, ein Ereignis, das den kleinen Gästen des Geburtstagskinds in Erinnerung bleibt.

Die Feier beim „Fast food-King" haben inzwischen schon die meisten Kinder mitgemacht, die Mütter der lieben Kleinen bemühen sich heute noch, die Ketch-up-Flecken aus dem Rüschenhemdchen herauszuwaschen. Jetzt ist der Geburtstags-Entertainer gefragt. Zauberkunststückchen, spannende Erzählungen und in Geschichten eingebundene Spiele moderieren, das ist es, was der Unterhalter können muss. Dass er dabei Nerven wie Stahlseile braucht, um die bis zu 50 Gäste spannend zu unterhalten, muss nicht besonders erläutert werden. Sie können Feiern regelrecht als Event konzipieren, eventuell unter einem bestimmten Motto, wenn es die Gegebenheiten erlauben.

Die Voraussetzungen: Außer den schon erwähnten Stahlseilen an den Stellen, an denen andere Menschen Nerven haben, benötigen Sie für diese Aufgabe viel Verständnis für die Bedürfnisse von Kindern, Einfühlungsvermögen, Kreativität und Organisationstalent.

Das Angebot: Sie bieten Eltern von Geburtstagskindern an, die Vorbereitung und Durchführung eines Kindergeburtstages zu übernehmen. Sie können auch für geeignete Speisen und Getränke sorgen, wenn die Eltern dies wünschen.

So wird's gemacht: Zunächst vereinbaren Sie mit den Eltern des Geburtstagskindes einen Termin, um alles genau besprechen zu können und auch das Geburtstagskind kennenzulernen. Es wird Ihr wichtigster Berater, denn es weiß genau über die Vorlieben und Abneigungen seiner Gäste Bescheid. Unterbreiten Sie dem Kind einige Vorschläge, und es soll dann die Entscheidungen treffen, wenn sie in den von den Eltern gesteckten finanziellen Rahmen passen. Sie haben auch schon Einladungen mitgebracht, die das Kind nur noch ausfüllen und verschicken muss.

Am Geburtstag selbst sind Sie schon so rechtzeitig vor Ort, dass Sie die Kinder vielleicht schon als „Butler" empfangen und später als „Waldschrat" gruselige Geschichten mit den Kindern spielen. Essen und Trinken ist dann Nebensache, wenn der Nachmittag spannend moderiert wird. Wenn Sie zwischendurch als „Kellner" an die Saftbar bitten, haben Sie eine kleine Pause und die Kinder die Erfrischung verdient. Mit einem Highlight im Programm und einem kleinen Geschenk für jeden Gast (auf dem Ihr Name, Adresse und Telefonnummer aufgedruckt sind) werden die Kinder nach Hause entlassen.

Die Startkosten: Ihre Ausrüstung besteht, je nach Programm, aus einer passenden Verkleidung, Utensilien für die von Ihnen geplanten Spiele und eventuell auch einem Fun-

Kochen in fremden Küchen

dus von Klamotten, mit denen sich die Kinder, beispielsweise für eine phantasievolle Modenschau, verkleiden können. Sehr viel Eindruck bei den Kindern macht es, wenn Sie ein Musikinstrument gut beherrschen und dies in Ihren Vortrag einbauen können. Haben Sie schon mal einem Märchenerzähler gelauscht, der seinen Vortrag virtuos mit der Gitarre begleitet? Insgesamt benötigen Sie dafür nicht mehr als 100 Euro.

Honorar: Die Verdienstmöglichkeiten sind unterschiedlich und werden weitestgehend von Art und Umfang Ihres Vortrags bestimmt. Pro Stunde Entertainment können Sie aber immer mit 50 Euro bis 75 Euro rechnen, zusätzlich die Ausgaben für Anfahrt und Verbrauchsmaterial. Pauschalpreise von 200 bis 300 Euro sind an der Tagesordnung, wenn die Show stimmt. Probieren Sie Ihre Show doch einmal im Freundes- und Bekanntenkreis aus.

So gewinnen Sie Kunden: Anzeigenwerbung in der Tagespresse, Flüsterpropaganda.

Tipp: Ein Zusatzgeschäft können Sie dann machen, wenn Sie das Happening fotografieren oder auf einen Videofilm bannen können.

Auf einen Blick

Voraussetzungen: gute Laune, Phantasie, schauspielerische Begabung

Startkapital: maximal 100 Euro

Honorar: pauschal 200 bis 300 Euro je Engagement

Besonders geeignet für: Lehrer/innen, Erzieher/innen, Studenten/innen

---

Kochen in fremden Küchen

Die Idee: In jedem Haushalt gibt es Anlässe, zu denen man viele Gäste einladen möchte, das Kochen zur Bewirtung der Gäste würde die Hausfrau in diesem Fall aber gern jemand anderem überlassen, da sie nicht bis zur Erschöpfung am Herd stehen will, bevor die Gäste kommen. Sind diese im Haus, möchte sie sich ihnen widmen, ohne ständig ans Kochen denken zu müssen. Weshalb dann nicht in ein Restaurant gehen? Doch das ist keine Alternative, wenn man die Gäste im eigenen Haus empfangen will, weil es da viel ungestörter und intimer ist. Hier kann ein Mietkoch helfen, der an diesem Tag oder an diesem Abend die Herrschaft in der Küche übernimmt. Er kann es auch übernehmen, die Speisen am Tisch zu servieren und nach dem Essen die Cocktails mixen.

Die Voraussetzungen: Sie sind ausgebildeter Koch oder doch zumindest begeisterter Hobbykoch, verfügen über ein großes Repertoire an Rezepten und können sich in jeder Gesellschaft selbstsicher bewegen.

Kochen in fremden Küchen

Das Angebot: Ihren Auftraggebern bieten Sie an, in deren Küche nach deren Wünschen ein Menü zuzubereiten. Zusätzlich kaufen Sie die erforderlichen Lebensmittel ein, übernehmen das Spülen und - wenn es der zeitliche Ablauf zulässt – auch den Service.

So wird's gemacht: Meldet sich ein Auftraggeber telefonisch bei Ihnen, um Sie für einen bestimmten Termin zu buchen, so verabreden Sie zunächst einen Besprechungstermin. Jetzt sprechen Sie mit der Hausfrau über ihre Wünsche, über die Speisenfolge, über die zeitlichen Vorgaben am Abend der Einladung. Sie klären, wer den Einkauf übernimmt, wer serviert, wer spült, wer Getränke besorgt. Wenn gewünscht, können Sie einen Mietkellner ansprechen, der die Gäste betreut, wenn es sich um eine größere Gesellschaft handelt.

Danach besichtigen Sie die Küche, lassen sich das Geschirr und die Kochgeräte zeigen. Sind alle Fragen geklärt, so bereiten Sie sich auf Ihren Auftritt vor. In Ihrer eigenen Küche können Sie schon die Speisen zubereiten, die entweder kalt serviert werden oder die Sie in einem Rechaud mitbringen können. Am Abend selbst bereiten Sie in der Küche der Gastgeberin die Speisen vor, die frisch zubereitet werden müssen. Etwas Improvisationsgeschick gehört schon dazu, auf einem Vier-Flammenherd für eine größere Gesellschaft zu kochen. Reicht das Kochgeschirr dafür nicht aus, können Sie selbst größere Kochtöpfe mitbringen. Legen Sie besonderen Wert auf den gewissen Pfiff beim Geschmack. Hausmannskost bekommt man überall.

Wenn Sie nicht selbst servieren, sollten Sie sich aber am Ende des Menüs mit der Nachspeise, vielleicht dekorativ flambiertem Eis, dennoch den Gästen zeigen, denn die wollen ganz sicher wissen, wer so vorzüglich für sie gekocht hat. Die Qualität und der Geschmack des zubereiteten Menüs entscheidet über einen Anschlussauftrag. Vielleicht sitzt Ihr nächster Auftraggeber auch schon am Tisch.

Die Startkosten: Startkosten fallen für einen Mietkoch kaum an. Sein wichtigstes Werkzeug – den Satz Messer – führt er in einem Köfferchen ohnehin mit. Einen Satz größerer Töpfe, die er von Fall zu Fall benötigen könnte, bekommt er für unter 150 Euro.

Honorar: Je Abend kann ein Mietkoch zwischen 150 und 250 Euro verdienen, abhängig von den Zusatzleistungen, die er erbringt. Der Einkauf, der Service und das Spülen werden gesondert in Rechnung gestellt.

So gewinnen Sie Kunden: Viele Mietköche begannen, aus Gefälligkeit für Freunde zu kochen, weil es ihnen einfach Spaß machte. Weil die Nachfrage so groß wurde, begannen sie gegen Honorar zu kochen. Das könnten auch Sie tun. Ohnehin sollten Sie die ersten Auftritte bei Freunden machen, denn anfangs passiert immer wieder mal ein Missgeschick, und da sind Freunde einfach etwas nachsichtiger. Haben Sie Erfahrungen gesammelt, können Sie Ihre Dienste auch per Kleinanzeige in der Tagespresse anbieten.

Tipp: Melden Sie Ihre Tätigkeit als Gewerbe an. Ein Gesundheitszeugnis ist erforderlich.

Auf einen Blick

Voraussetzungen: sehr gute Kochkenntnisse, interessantes Repertoire an Rezepten

Startkapital: keines

Honorar: zwischen 100 bis 250 Euro je Abend

Besonders geeignet für: Köche, Hobbyköche

Besonderheiten: Gewerbeanmeldung, Gesundheitszeugnis

Korrektur lesen

Die Idee: Der Buchmarkt wird immer größer, die Zeitschriften am Kiosk werden von Woche zu Woche mehr, unzählige Werbeprospekte und Direktwerbebriefe flattern in die Briefkästen. Und alle Druckerzeugnisse müssen Korrektur gelesen werden, bevor sie an den Leser gelangen. Nichts ist ärgerlicher, als wenn Satzfehler, grammatische Schnitzer oder Fehler bei der Zeichensetzung den Eindruck des Buches oder einer Werbeschrift trüben. Der Leser, der die Fehler entdeckt, verliert auch leicht den Glauben an die Richtigkeit des Inhalts, wenn ein Fachbuch von Rechtschreibfehlern durchsetzt ist. Hierfür werden Korrekturleser gebraucht, die meist als freie Fachkorrektoren zu Diensten stehen.

Die Voraussetzungen: Erste Voraussetzung ist eine sichere Rechtschreibung. Allerdings sollten Sie heute, nach der Rechtschreibreform, auch die neuen Regeln beherrschen, denn, obwohl sich viele Verlage mit der Umstellung noch Zeit lassen, gibt es doch schon einige, insbesondere Schulbuchverlage, bei denen die neuen Regeln umgesetzt werden. Ihnen steht als Helfer immer die „Bibel" der deutschen Rechtschreibung, der DUDEN zur Verfügung. Es würde aber zu sehr aufhalten, auf jeder Druckseite dreimal den Ratgeber bemühen zu müssen. Für bestimmte Produkte ist die Kenntnis von Fachterminologie erforderlich. Außerdem sollten Sie über ein gutes Sprachgefühl verfügen, denn Ihre Auftraggeber erwarten auch Anmerkungen zu stilistischen Auffälligkeiten. Ebenfalls müssen Sie die Korrekturzeichen, so wie sie im DUDEN stehen, sicher beherrschen.

Die Startkosten: Der Einstieg in dieses Geschäft ist sehr preisgünstig, denn Sie benötigen nicht viel mehr als eine gute Schreibtischlampe, ein Telefon, möglichst auch mit Faxfunktion für ganz eilige Korrekturen, und die wichtigsten Bände des DUDEN. Alles zusammen macht nicht mehr als 750 Euro aus.

Der Gewinn: Korrekturlesen wird im allgemeinen nach Druckseiten bezahlt. Einige Verlage rechnen nach Bögen (= 16 Seiten) ab. Für die DIN-A5-Seite können Sie, je nach Schwierigkeitsgrad, zwischen 0,75 Euro und 1,00 Euro in Rechnung stellen. Bei besonders schwierig zu lesenden Texten, besonders dann, wenn Sie diese mit dem Originalmanuskript vergleichen müssen, sollten Sie ein Stundenhonorar von 17,50 Euro berechnen. Dies bietet sich bei nicht fortlaufenden Texten an, wie sie von Werbeagenturen gestaltet werden. Auch viele kurze Texte, wie zum Beispiel Briefe, sollten Sie nach Zeit abrechnen.

So gewinnen Sie Kunden: Zu Ihren Kunden zählen Zeitungsverlage, Zeitschriftenverlage, Buchverlage, Doktoranden, Diplomanden, Werbeagenturen, Setzereien. Es ist nicht ganz leicht, in ein meist schon bestehendes Team von Korrekturlesern bei Verlagen aufgenommen zu werden. Schicken Sie Ihr schriftliches Angebot an die Redaktionen, das Lektorat oder die Herstellungsabteilung. Telefonieren Sie eine Woche später einmal nach, und beziehen Sie sich auf Ihr Angebot. Lassen Sie sich ruhig auf die Reserveliste setzen. Irgendwann können Sie einspringen und überzeugen dann durch gute Arbeit.

Vergessen Sie nicht die Setzereien, denn diese lassen ihre Arbeiten auch Korrektur lesen, bevor sie Fahnenabzüge an die Verlage geben (Adressen finden Sie im Branchenfernsprechbuch). Auch Werbeagenturen sollten Sie mit Ihrem Werbebrief ansprechen. Letztlich lohnen sich immer Kleinanzeigen für das Korrekturlesen von Diplomarbeiten und Dissertationen (auch Aushänge am „Schwarzen Brett" in den Universitäten sind möglich).

Ein weiterer Kundenkreis können Übersetzungsbüros sein, denn die Übersetzer diktieren ihre Texte vielfach und lassen sie dann schreiben. Sie können nicht immer sicher sein, dass dann alles richtig getippt wird, zumal sich die Schreibkräfte auch beeilen müssen. Schnell ist dann einmal ein Buchstabendreher drin, oder ein Satzzeichen wurde übersehen. Beim Auftraggeber des Übersetzers käme das dann schlecht an. Versuchen Sie auch, Schreibbüros anzusprechen (Übersetzungsbüros und Schreibdienste finden Sie ebenfalls im Branchenfernsprechbuch).

Es lohnt sich, auch Verlage anzuschreiben, die nicht in unmittelbarer Nachbarschaft angesiedelt sind, denn die Satzfahnen werden ohnehin meist per Post oder Kurierdienst zugestellt. Und dann spielt es kaum eine Rolle, ob der Verlag am anderen Ende der Stadt oder in 250 Kilometern Entfernung seinen Standort hat.

Tipp: Wenn Sie über genügend Erfahrung verfügen, können Sie Ihren Tätigkeitsbereich auch auf angrenzende Gebiete wie Lektorat, Erstellen von Werbetexten oder das Verfassen von eigenen Texten oder Fachbeiträgen ausweiten.

Kosmetik auf Rädern

Die Idee: Viele Frauen, aber auch Männer, möchten sich ab und zu etwas Besonderes gönnen, sich verwöhnen lassen, und danach besser und gepflegter aussehen. Es gibt besondere Anlässe, Empfänge, Opernbesuche und Feierlichkeiten, bei denen insbesondere die Damen besonders gepflegt aussehen möchten. Als Kosmetikerin können Sie behilflich sein, wenn Sie zu diesen Damen und Herren kommen und deren Wünsche erfüllen.

Die Voraussetzungen: Sie haben eine Ausbildung als Kosmetikerin, als Visagistin, sind Friseurin mit Zusatzausbildung in Kosmetik. Sie haben ein sehr gutes Stilempfinden und sind kontaktfreudig.

Das Angebot: Als mobile Kosmetikerin beraten Sie Ihre Kunden und Kundinnen bezüglich der Hautpflege und führen diese auch im Haus der Kundin durch. Das Schminken für besondere Anlässe gehört ebenfalls zu Ihrem Angebot. Außerdem bieten Sie an, Ihre Kundinnen zu beraten, wenn es darum geht, wie sie aus ihrem Typ das Beste machen.

So wird's gemacht: Beim ersten Besuch versuchen Sie die Kundin ein wenig näher kennenzulernen. Wichtig ist, dass Sie ihre Persönlichkeit einigermaßen kennen, um sie später bezüglich ihres Typs und der Farben, die am besten zu ihr passen, beraten zu können. Geht es in der Regel um die Gesichtspflege, so werden Sie die Haut zunächst gründlich reinigen, eine dem Hauttyp entsprechende Maske auflegen und in der Zwischenzeit eine Maniküre durchführen. Auf Wunsch schließt sich eine Behandlung des Dekolletés an.

Für die Entfernung von Gesichtshaaren oder Haaren an Waden und Beinen haben Sie Heißwachs mitgebracht oder Sie bringen einen elektrischen Epilator mit. Sehr gern lassen sich Ihre Kundinnen massieren. Dies tut der Seele gut, und außerdem strafft eine Bindegewebsmassage die leicht erschlafften Arme und Oberschenkel. Gleichzeitig beraten Sie die Kundin, wie und mit welchen Mitteln sie selbst regelmäßig die Hautpflege vornehmen kann. Selbstverständlich bieten Sie diese Mittel auch zum Kauf an.

Sollen Sie ein Make up auflegen, so erfragen Sie den Anlass und lassen sich die Garderobe zeigen. Entsprechend schminken Sie Ihre Kundin.

Im Studio verfügt die Kosmetikerin zwar über reichlich Gerätschaften, aber die sind nicht unbedingt erforderlich, wenn Sie auf Reisen gehen. Sie wissen selbst, wie man ein Heißdampfgerät ersetzen kann.

Die Startkosten: Die Startkosten beziehen die Geräte ein, die Sie bei der Kundin unbedingt benötigen. Wie gesagt, viele Geräte lassen sich durch einfache Mittel substituieren. Oft erzielen warme, feuchte Frottiertücher den gleichen Zweck wie ein kompliziertes Gerät. Die erforderlichen Kleingeräte können Sie für unter 150 Euro beschaffen. Ein Kfz steht Ihnen wahrscheinlich zur Verfügung.

Der Gewinn: Die Behandlungspreise liegen in der Regel bei 25 bis 30 Euro je Stunde. Hinzu kommen die Verbrauchsmaterialien. Rechnen Sie mit 40–50 % Gewinn vom Umsatz.

Einen Großteil ihres Gewinns erzielt eine Kosmetikerin durch den Verkauf von Pflegemitteln. Hier können Sie mit 30 bis 40 % Gewinn vom Verkaufspreis rechnen.

So gewinnen Sie Kunden: Kunden sprechen Sie zunächst über Kleinanzeigen in der Tagespresse an, später werden Sie auch weiterempfohlen werden.

Tipp: Melden Sie ein Gewerbe an und schließen Sie auf alle Fälle eine Berufshaftpflichtversicherung ab. Sollte Ihnen ein Fehler unterlaufen, so könnte das sehr teuer werden.

Auf einen Blick

Voraussetzungen: Kosmetikausbildung

Startkapital: mindestens 150 Euro

Gewinn: ca. 40 bis 50 % vom Umsatz

Besonders geeignet für: Kosmetikerinnen, Friseurinnen

Besonderheiten: Gewerbeanmeldung, unbedingt Berufshaftpflichtversicherung

---

Kunst- und Bastelkurse

Die Idee: Kreative Tätigkeiten wie Malen oder Basteln erfreuen sich bei Jung und Alt großer Beliebtheit. Allerdings fallen die Ergebnisse der künstlerischen Bemühungen nicht immer zur Zufriedenheit der „Kunstschaffenden" aus, und deshalb lässt die Begeisterung denn auch schnell nach. Damit das nicht oder immer seltener vorkommt und die Freude am kreativen Gestalten erhalten bleibt, ist ein Kunst- oder Bastelkurs das richtige Gegenmittel.

Das Angebot: Kunsterzieher/innen und Kunststudenten/innen, aber auch Lehrer/innen und Erzieher/innen bieten in eigenen oder angemieteten Räumen spezielle Kurse an: Basteln für Kinder, Malen für Senioren/innen, Aquarellmalen, Seidenmalerei. Doch damit erschöpft sich das Angebot nicht. Die Seidenmalerei wird zum Lampenschirm wei-

Kunst- und Bastelkurse

terverarbeitet, die Malereien werden gerahmt, vielleicht werden auch die Rahmen selbst hergestellt, zumindest aber individuell auf das Bild hin weiter bearbeitet.

Erfahrene Künstler und Kunsterzieher können auch eine Art von Nachhilfe für bessere schulische Leistungen und eine intensive Vorbereitung zur Aufnahmeprüfung für das Kunststudium anbieten. Je nach Größe des Einzugsgebiets kann das Angebot mehr oder weniger stark differenziert werden.

So wird's gemacht: Schon in der Ausschreibung wird das Angebot möglichst genau beschrieben: welche Inhalte und Techniken vermittelt werden, welche Themen bearbeitet, welche Mittel bereitgestellt werden und in der Kursgebühr enthalten sind und welche Arbeitsmittel und Materialien der Kursteilnehmer selbst mitbringen muss. Wichtig zur Information der Interessenten sind auch die voraussichtlichen Kosten, die auf den Teilnehmer zukommen. Ansonsten kann es schnell zu Unzufriedenheit und Unstimmigkeiten zwischen Kursleiter und Teilnehmern kommen. Schon in der ersten Kursstunde sollte der Kursleiter sein Programm ausführlich vorstellen und eventuell auf Anregungen der Teilnehmer eingehen, so sie denn in sein Programm passen.

Die Kurse können in Schulen, kommunalen Einrichtungen oder in Räumen von Kirchengemeinden abgehalten werden. Dies ermöglicht, auch größere Gruppen zu unterrichten. Außerdem sind alle für Unterricht notwendige Einrichtungen vorhanden, wie beispielsweise Werkräume in den Schulen. Unter Umständen kann dort auch mit den in den Schulen vorhandenen Werkzeugen gebastelt werden. Der Kursleiter gibt zu jedem neuen Thema und zu jeder neuen Technik ausführliche theoretische Hinweise und demonstriert neue Techniken. Sinnvoll ist es, bereits ein Beispiel für die geplanten Werkstücke zur Verfügung zu haben. Diese können vom Kursleiter selbst hergestellt werden oder aber auch aus einem der vorangegangenen Kurse stammen.

Nichts ist so erfolgsfördernd wie ein Ziel, auf das man hinarbeiten kann. Ist der Kurs zeitlich begrenzt, so sollten die Arbeiten der Teilnehmer am Ende des Kurses in einer Ausstellung gezeigt werden. Als sehr positiv haben sich „Tage der offenen Tür" erwiesen, an denen Publikum den „Künstlern" bei der Arbeit zusehen und die bisher erstellten Arbeiten bewundern kann. Hier ist manchmal allerdings Überzeugungsarbeit bei den Kursteilnehmern zu leisten, um die Scheu vor der Öffentlichkeit zu überwinden. Weitere Ausstellungsmöglichkeiten sind die Schaufenster des örtlichen Einzelhandels. Schmuck, Brillen, Garderobe und viele andere Dinge können zusammen mit den während der Kursstunden hergestellten Objekten gezeigt werden. Auch oft leblose und nüchterne Flure der Rathäuser und Ämter der Stadt können von wechselnden Ausstellungen profitieren. Den Schöpfern dieser Werke gibt dies nicht nur die Möglichkeit, erste Verkäufe zu tätigen, sondern Ausstellungen bieten Ihnen als Kursleiter auch willkommene PR.

Kunst- und Bastelkurse

Nicht weniger interessant als Malkurse für Erwachsene sind Bastelkurse für Kinder. Der Kunstunterricht in den Schulen bietet wohl viele Möglichkeiten zum Malen, viel seltener aber werden die Werkräume genutzt. Dabei sind Kinder ganz wild darauf, mit Hammer, Säge und Nägeln zu basteln. Entsprechend der Jahreszeit können Weihnachtsdekorationen, Karnevalsmasken, Osterdekoration, zeitlose Fensterbilder, Drachen im Herbst und Martinslaternen für den St. Martins-Umzug gefertigt werden.

Die Voraussetzungen: Wichtigste Voraussetzung für Kunst- und Bastelkurse ist, dass Ihnen geeignete Räumlichkeiten zur Verfügung stehen. Sprechen Sie deshalb mit dem Leiter des Schulamtes, dem Leiter des Kulturamtes oder mit dem Pastor über Ihr Anliegen. Wahrscheinlich werden Sie an einer dieser Stellen Erfolg haben. Möglicherweise wird man Sie auch bitten, Ihr Angebot in das Programm der Volkshochschule einzubringen, was ja auch nicht schlecht wäre, dann übernimmt diese Einrichtung die Werbung und die Organisation. Sehr wichtig sind Geduld, Kontaktfähigkeit und ein gewisses Lehrtalent.

Das Startkapital: Das wichtigste Kapital ist Ihr Wissen, Ihr Können und vor allen Dingen Ihre Fähigkeit, Wissen und Können an andere zu vermitteln. Wenn Sie nicht mit der VHS zusammenarbeiten, dann kommen Sie um Startwerbung nicht herum. Kleinanzeigen, Handzettel und Aushänge im Einzelhandel kosten bis maximal 100 Euro, denn die Druckvorlagen können Sie als Künstler wohl selbst am besten erstellen.

Der Gewinn: Wenn Sie nicht mit der VHS zusammenarbeiten, hängt der Gewinn natürlich sehr stark davon ab, ob Sie Räumlichkeiten anmieten müssen oder die Kurse in eigenen Räumen abhalten können. Der zweite Einflussfaktor ist die Anzahl der Kursteilnehmer. Ein Kurs arbeitet, gerade wenn Kinder betreut werden, mit bis zu 12 Teilnehmern optimal. Jeder Teilnehmer mehr erhöht zwar Ihren Gewinn, schmälert aber die Zeit, die Sie jedem einzelnen Kursteilnehmer widmen können. Die Obergrenze sollte bei 15 Teilnehmern liegen. Dauert der Kurs ein halbes Jahr, und werden wöchentlich zwei Unterrichtsstunden je 45 Minuten angeboten (die Schulferien bleiben unberücksichtigt) kommen Sie auf 22 bis 24 Veranstaltungen. Bei einer Kursgebühr von 75 Euro je Teilnehmer und durchschnittlich 12 Anmeldungen entspricht das 900 Euro an Kursgebühren und etwa 18,50 Euro je 45 Minuten für den Kursleiter. Davon sind die Auslagen abzuziehen, und das ergibt den zu versteuernden Gewinn. Leiten Sie einen Kurs bei der VHS, so bleibt Ihnen die Werbung erspart und Ihr Dozentenhonorar ist, vor Steuern, unwesentlich geringer und von der genauen Zahl der Kursteilnehmer unabhängig. Allerdings verlangen die Volkshochschulen eine Mindestteilnehmerzahl. Wird die nicht erreicht, wird der Kurs ersatzlos gestrichen.

So gewinnen Sie Kunden: Lassen wir die Möglichkeit VHS bei diesem Aspekt beiseite. Sie gewinnen Kursteilnehmer durch Inserate in der Tageszeitung, durch Auslage von

Kurierfahrten

Handzetteln beispielsweise im kunsthandwerklichen Handel, in Läden mit Schulbedarf, durch Briefkastenwerbung in Wohngebieten, in denen finanziell unabhängige Familien mit Kindern wohnen.

Sprechen Sie auch bei den Leitern der pädiatrischen Stationen in den Krankenhäusern vor. Für Kinder im Krankenhaus sind Mal- und Bastelstunden eine willkommene Abwechslung. Nicht vergessen sollten Sie Altenheime, denn auch die Senioren lechzen nach Abwechslung und sind stolz, wenn sie „in ihrem Alter" noch sehenswerte Kunstobjekte fertigen können. Der Vorteil: Das Altenheim kann Ihnen die erforderlichen Räumlichkeiten meist zur Verfügung stellen.

Tipp: Halten Sie Kontakt zur Lokalpresse, veranstalten Sie viele Ausstellungen und laden Sie die Journalisten dazu ein. Zeigen Sie in diesem Rahmen auch eigene Werke. Damit überzeugen Sie Interessenten von Ihrer künstlerischen Qualität. Beziehen Sie in Kindergruppen die Eltern mit in die Arbeit ein. Bieten Sie auf alle Fälle einen Kurstag zum Kennenlernen, der für die Teilnehmer kostenfrei ist. Wenn Sie die Kurse in eigener Regie veranstalten, insbesondere, wenn die Kurse in eigenen Räumen stattfinden, sollten Sie unbedingt eine spezielle Haftpflichtversicherung abschließen und Ihre Tätigkeit als Gewerbe anmelden.

Auf einen Blick

Voraussetzungen: Künstlerische und handwerkliche Begabung

Startkapital: keines

Honorar: je Kurs ca. 700 bis 750 Euro

Besonders geeignet für: Kunsterzieher/innen, Kunststudenten/innen

Besonderheiten: Möglichkeit, die Kurse bei der Volkshochschule durchzuführen

---

Kurierfahrten

Die Idee: Zahlreiche Gegenstände müssen täglich möglichst schnell von A nach B gebracht werden. Da Absender nicht die Zeit haben, den Transport selbst vorzunehmen oder deren Zeit zu wertvoll ist, werden Kurierfahrer eingesetzt. Inzwischen gibt es zahlreiche professionelle Kurierdienste, die mit eigenen Fahrzeugen arbeiten und gelegentlich nach einem Fahrer suchen. Sie brauchen aber nicht darauf zu warten, bis ein solches Stellenangebot im Stellenmarkt der Tageszeitung auftaucht, sondern können die Sache auch selbst in die Hand nehmen und den Profis im Nebenverdienst Konkurrenz machen.

Die Voraussetzungen: Sie haben einen Pkw oder Kombi zur Verfügung, sind pünktlich, zuverlässig und verfügen über hinreichende Fahrpraxis.

Das Angebot: Ihr Angebot gleicht dem der eingeführten Kurierdienste. Sie übernehmen den zuverlässigen und pünktlichen Transport von Gegenständen von hier nach dort, ganz gleich, wo der Empfänger auch ist.

So wird's gemacht: Die Frage „Wie wird's gemacht?" ist nicht ganz eindeutig zu beantworten, da Sie Ihr Angebot zielgerichtet unterbreiten können.

Beispiel 1: Sie fahren für ein medizinisches Labor und holen bei den Ärzten Untersuchungsmaterial ab, das bis zu einem bestimmten Zeitpunkt im Labor sein muss, um sofort untersucht werden zu können. Die Ärzte wollen die Untersuchungsergebnisse möglichst noch am selben Tag erfahren. Ihre Tour beginnt am späteren Vormittag, da in den Arztpraxen meist noch bis 10 Uhr Blut und Urin zur Untersuchung abgenommen wird. Sie erhalten vom Labor eine Liste der Ärzte, bei denen Sie Untersuchungsmaterial abholen müssen. Weil es immer dieselben Ärzte sind, haben Sie sich schon eine Fahrtroute zurechtgelegt. Sie werden erwartet und erhalten das Material von der Sprechstundenhilfe in einem Transportbehälter. Weiter geht es zur nächsten Praxis. Haben Sie das Material vollständig gesammelt, machen Sie sich auf den Weg zum Labor. Dann ist auch Ihr Arbeitstag beendet.

Beispiel 2: Ihr Kunde ist ein Freiberufler oder ein Unternehmen, das täglich sehr viel Post erhält und verschickt. Am Morgen fahren Sie zum Postamt, leeren das Postfach und nehmen vom Postangestellten eine Schütte mit der Post entgegen, die nicht an das Postfach adressiert wurde. Der Briefträger hat diese Briefe aussortiert, weil er weiß, dass Sie die Post abholen und er sie nicht zuzustellen braucht. Anschließend liefern Sie die Post am Empfang Ihres Kunden ab, und der erste Teil Ihrer Arbeit ist getan. Den zweiten Teil müssen Sie am späten Nachmittag erledigen. Gegen 17.00 Uhr kommen Sie zum Empfang Ihres Kunden und nehmen die Tagesausgangspost entgegen. Die Briefe sind schon korrekt frankiert, und bei besonderen Versendungsarten wie Einschreiben, Expresszustellung, Wertbriefen und dergleichen, liegen auch schon die entsprechenden Dokumente bereit. Mit der Schütte fahren Sie zum Postamt und geben die Briefe auf. Die Dokumente bei besonderen Versendungsarten werden bearbeitet, und Sie bringen diese am nächsten Morgen mit zu Ihrem Auftraggeber.

Diese beiden Beispiele bieten den Vorteil, dass Sie nicht zu Hause sitzen und warten, bis jemand anruft und Ihre Dienste in Anspruch nehmen will. Ihre Arbeitszeit wird auf eine möglichst kurze Frist verkürzt, und Wartezeiten auf den nächsten Auftrag entfallen.

Die Startkosten: Wenn Sie einen Pkw zur Verfügung haben, fallen keine Startkosten an. Von Vorteil ist es allerdings, wenn Sie per Handy jederzeit an jedem Ort zu erreichen sind.

Der Gewinn: Gehen Sie von einem Stundenlohn von 15 Euro aus und berechnen Sie dem Auftraggeber eine Kilometerpauschale von etwa 0,30 Euro je gefahrenem Kilometer. Bleiben wir beim ersten Beispiel, so macht dies bei drei Stunden Fahrtzeit täglich 45 Euro aus. Fahren Sie fünfmal wöchentlich, so bringt das im Monat etwa 875 Euro vor Steuern ein.

So gewinnen Sie Kunden: Diese Gelegenheiten finden Sie nur selten im Stellenmarkt. Hier müssen Sie aktiv werden und einen potentiellen Auftraggeber von den Vorteilen Ihrer Dienstleistung überzeugen. Zielgruppe können Anwaltskanzleien, Verlage, Redaktionen oder andere größere Unternehmen sein. Bei den Laborärzten müssen Sie sich voraussichtlich zunächst auf die Warteliste setzen lassen, Urlaubsvertretung machen oder einmal im Krankheitsfall kurzfristig einspringen. Erledigen Sie Ihre Sache gut, so dürfen Sie damit rechnen, später auch regelmäßig eingesetzt zu werden.

Tipp: Fahren Sie ein kleines Fahrzeug, spart dies Treibstoffkosten. Führen Sie regelmäßig Wartungen an Ihrem Fahrzeug durch, damit es immer fahrbereit ist und Ihnen keine Ausfälle entstehen oder Sie keinen Mietwagen nehmen müssen.

Auf einen Blick

Voraussetzungen: Zuverlässigkeit, Pünktlichkeit, eigener Pkw

Startkapital: keines

Lohn: ca. 10 bis 12,50 Euro je Stunde, Kilometerpauschale

Besonders geeignet für: Hausfrauen, Rentner

Besonderheiten: keine

Lektorat

Die Idee: Unternehmen werden schlanker, was bedeutet, dass dort, wo Unternehmen Arbeiten außer Haus vergeben kann, fest angestellte Mitarbeiter sich in Konkurrenz mit sogenannten „Freien Mitarbeitern" befinden, für die das Unternehmen dann keine Sozialabgaben zu bezahlen braucht. „Downsizing" und „Outsourcing" heißt das im Englischen und ist fast auch schon fester Bestandteil des Neudeutschen. Waren in Buchverlagen früher eine ganze Reihe von Lektoren im Verlagsgebäude beschäftigt, so sitzen in vielen Verlagen nur noch der Cheflektor und gegebenenfalls eine Assistentin im Lektorat und steuern „Freie Mitarbeiter" außer Haus. Zu diesen könnten auch Sie als „Freier Lektor" zählen.

Die Voraussetzungen: Um die Voraussetzungen besser darstellen zu können, soll in nur wenigen Sätzen die Arbeit eines „Freien Lektors" beschrieben werden. Der Lektor er-

Lektorat

hält vom Cheflektor nach Absprache das Manuskript eines Buches, früher auf Papier, heute meist auf Diskette. Er hat die Aufgabe, weil beispielsweise Fach- und Sachbuchautoren immer sehr viel von der Sache oder ihrem Fach verstehen, meist aber darunter die Stilsicherheit und die Ausdrucksstärke ein wenig leiden, gerade in diesen Bereichen korrigierend einzugreifen. Deshalb sind Stil- und Ausdruckssicherheit absolute Voraussetzung für die Tätigkeit als Lektor.

Möglich ist, dass sich bei der Arbeit des Autors sachliche Fehler einschleichen, die dem Lektor auffallen müssen, und auch diese muss er berichtigen. Das erfordert einerseits fundierte Sach- und Fachkenntnisse auf bestimmten Gebieten, andererseits ein breites und auch tiefes Allgemeinwissen. Erwähnt ein Autor beispielsweise in seinem Manuskript ein historisches Ereignis mit einer Jahreszahl, so muss der Lektor entweder wissen, ob das Ereignis und die Jahreszahl zusammenpassen, oder er muss das anhand von Geschichtsbüchern nachprüfen. Es könnte ja sein, dass der Autor statt einer 7 versehentlich eine 8 getippt hat. Weitere Voraussetzung ist also ein sehr gut entwickeltes Allgemeinwissen.

Es ist wohl keine Frage, dass Texte in Büchern auch orthographisch fehlerfrei sein sollen. Zwar lesen nach dem Lektor, wenn der Text aus der Setzerei zurückkommt, noch Korrekturleser, doch wird auch vom Lektor schon Sicherheit in Rechtschreibung und Zeichensetzung verlangt.

Es kann durchaus vorkommen, dass der Verlag, beziehungsweise der Cheflektor, eine bestimmte Seitenzahl vorgibt, die zwar unwesentlich unterschritten, aber keinesfalls überschritten werden darf. Das hat drucktechnische Hintergründe. Der Lektor muss nun ausrechnen, inwieweit das Manuskript der geplanten Seitenzahl entspricht. Ist das Manuskript zu umfangreich, muss er in der Lage sein, es zu kürzen, ohne dass etwas vom Gehalt verloren geht. Er muss also Wesentliches von Nebensächlichem unterscheiden können und dem Autor Kürzungsvorschläge machen oder selbst mehrere Seiten zusammenfassen und gekürzt wiedergeben. Das heißt, ein Lektor muss abstrahieren können und mit Einfühlungsvermögen die Kontakte zum Autor pflegen.

Da das Manuskript nach der Überarbeitung durch den Lektor zum Setzer geht, muss der Lektor auch, insbesondere bei Sach- und Fachbüchern, strukturiert denken und den Hierarchien des Inhalts entsprechend, Kapiteleinteilungen und -unterteilungen durch die Auszeichnung optisch durch Art und Größe der Schrift Ausdruck verleihen.

Das Erscheinen von Büchern ist an sehr feste Zeitpläne gebunden. Verlage veröffentlichen beispielsweise ihre Neuerscheinungen quartalsweise, also jeweils zum Ende eines Kalenderquartals, andere jeweils im Frühjahr und im Herbst, wobei dem Herbsttermin wegen der Frankfurter Buchmesse besondere Bedeutung zukommt, da auf dieser weltgrößten Buchmesse alle Verlage ihre Neuerscheinungen dem Fachpublikum aber auch der Öffentlichkeit präsentieren möchten. Der Setzer und die Druckerei werden schon langfristig "gebucht", und

Lektorat

deshalb kann es vorkommen, dass ein Lektor schon mal eine Tag-und-Nacht-Schicht einlegen muss, um seine Arbeit termingerecht abliefern zu können. Vielfach erscheinen Bücher in Lizenz, das heißt, das Buch stammt ursprünglich aus den USA, wurde logischerweise in englischer Sprache verfasst und ins Deutsche übersetzt. In solchen Fällen ist es erforderlich, dass dem Lektor auch der Originaltext vorliegt und er eventuelle Übersetzungsfehler korrigiert. Deshalb ist die sichere Beherrschung von Fremdsprachen ein großer Vorteil.

Das Angebot: Der freie Lektor bietet Verlagen seine Mitarbeit an. Er übernimmt die oben beschriebenen Aufgaben und erledigt sie in einem vorgegebenen Zeitraum.

So wird's gemacht: Verfügt der Lektor über einen Computer, so wird er möglicherweise seine Arbeit direkt am Bildschirm erledigen oder aber auf dem Papierausdruck arbeiten, seine Änderungen mit einem Rotstift kennzeichnen und diese anschließend im Computer in die Datei einarbeiten. Gleichzeitig fügt er für den Setzer auch die Satzanweisungen ein.

Haben Setzer und Korrekturleser ihre Arbeit getan, erstellt der Lektor das Korrekturexemplar für den Setzer, anhand dessen dieser die Korrekturen durchführt. In diesem Arbeitsgang legt der Lektor die von den Korrekturlesern bearbeiteten Satzfahnen nebeneinander, trägt die gefundenen Fehler auf einer weiteren Satzfahne zusammen und stellt sein Exemplar dem Setzer zur Verfügung, der dann die Korrekturen auszuführen hat. Damit hat der Lektor seine Arbeit beendet und schreibt dem Verlag seine Rechnung.

Die Startkosten: Der Lektor hat in der Regel einen Computer mit den gebräuchlichsten Textverarbeitungssystemen (ca. 1.250 bis 1.750 Euro) und einen Laserdrucker (weil schneller und nur s/w-Ausdrucke benötigt werden, ab ca. 400 Euro) zur Verfügung. Ein Internetzugang (Modem inkl. Software ca. 100 Euro) mit ISDN-Anschluss (siehe Preise der Telekom) zur schnellen Datenfernübertragung mit zugehöriger Software (ca. 150 Euro) sind von größtem Vorteil. Außerdem benötigt er für die Kommunikation mit Verlag, Autor, Übersetzer und Setzer Telefon und Telefax (Kombigerät ca. 300 Euro).

Honorar: Das Honorar ist Verhandlungssache zwischen Lektor und Verlag. In der Regel werden entweder, abhängig vom Umfang und Anspruch des Textes, Pauschalhonorare zwischen 1.250 und 2.000 Euro vereinbart oder Seitenpreise zwischen 4,00 Euro und 7,50 Euro. Verfasst der Lektor die Klappentexte und Pressemitteilungen, so kann er diese mit je 75 Euro gesondert in Rechnung stellen.

So gewinnen Sie Kunden: Hier hilft nur eines: Angebote schriftlich an den Cheflektor versenden (mit genauer Angabe von Spezialwissen und – falls vorhanden – Arbeitsproben), nachtelefonieren und immer wieder nachfragen. Die für Sie in Frage kommenden Verlage entnehmen Sie Verlagshandbüchern, in denen Anschriften, Telefonnummern und auch die Ansprechpartner angegeben sind. Sie können sich diese Angaben allerdings auch aus dem Impressum im Handel befindlicher Bücher herausschreiben.

Tipp: Haben Sie als Lektor genügend Erfahrung gesammelt, so können Sie mit Fachautoren zusammenarbeiten, da diese oft über viel Fachwissen verfügen, dieses aber nicht so gut in Worte fassen können. So können Sie entweder als Co-Autor auf dem Buchcover erscheinen oder als Ghostwriter ungenannt bleiben. Als Co-Autor partizipieren Sie am Autorenhonorar, als Ghostwriter gilt die Hälfte des Autorenhonorars für die Erstauflage als Richtschnur für die Honorarverhandlungen.

Auf einen Blick

Voraussetzungen: sprachliche Stil- und Ausdruckssicherheit, dudensichere Rechtschreibung und Zeichensetzung, Spezialwissen und breites Allgemeinwissen
Startkapital: 0 Euro bis maximal 2.500 Euro
Honorar: pauschal bis 2.000 Euro je Buch, Seitenpreis 4,00 bis 7,50 Euro
Besonders geeignet für: Lehrer/innen, Akademiker diverser Fachbereiche

---

Licht & Ton

Die Idee: Parties sind nicht mehr so, wie sie früher einmal waren. Statt in einem umgebauten Kellerraum, dem Partykeller, finden die Veranstaltungen heute in viel größerem Rahmen, oft als Open-Air-Party im Garten, und wesentlich aufwendiger statt. Und deshalb sollen, neben Dekoration und kulinarischem Angebot, auch Light & Sound vom Besten sein. Auch Schul-Feten werden nicht mehr nur in einem schmucklosen Raum gefeiert, sondern die Jugendlichen, an Diskotheken-Flair gewöhnt, verlangen da schon etwas mehr Extravaganz. Auch andere Veranstaltungen wie Produktpräsentationen, Pressekonferenzen oder Dichterlesungen wollen ins rechte Licht gerückt werden, und der Ton macht auch dort die Musik. Deshalb finden hier die Spezialisten für Licht und Ton ein lukratives Betätigungsfeld.

Das Angebot: Light & Sound, wesentliche Elemente dafür, dass eine Veranstaltung als gelungen angesehen wird, stellen Sie zusammen und zur Verfügung, je nach Umfang der Veranstaltung, mit oder ohne Service. Zunächst jedoch analysieren Sie den Kundenwunsch sehr genau, besichtigen den Veranstaltungsort und lassen sich auch über den geplanten Ablauf der Veranstaltung berichten. Danach präsentieren Sie dem Veranstalter mehrere, qualitativ abgestufte, Vorschläge und machen ihm ein Angebot. Dabei sollten Sie Licht und Ton getrennt anbieten, denn manchmal benötigt man eben nur Licht oder nur den guten Ton.

Licht & Ton

Beginnen wir beim Licht: Je nach Größe der Veranstaltung und Art des Veranstaltungsortes werden an hohen Traversen Scheinwerfer angebracht, die die Veranstaltungen ins richtige Licht rücken, teils mit fixierten teils mit computergesteuerten Verfolger-Scheinwerfern. Bunt darf es auch sein, denn das Computerprogramm wechselt die Farben entsprechend der Musik, die gerade erklingt. Es kann aber auch ein wenig kleiner aufgezogen werden, das Ausmaß des Aufwands bestimmt der Kunde. Ebenso ist es beim Ton: Der Kunde kann es leise und wenig aufwendig wünschen, wie beispielsweise bei Sommerparties im Garten, aber auch bis hin zur Stadionbeschallung. Die Ausrüster, von denen der Licht- und Tonservice das Equipment bezieht, sind zu allem bereit. Der Größe der Veranstaltungen sind praktisch keine Grenzen gesetzt: Die Light & Sound-Verleiher können Gartenparties ebenso bestücken wie Open-Air-Veranstaltungen betreuen, bei denen mehrere zehntausend Besucher erwartet werden, wie es zum Beispiel bei Wahlkampfveranstaltungen der Fall ist.

Voraussetzungen: Die Betreiber sind technisch gut ausgebildet, kennen sich mit Verstärkern und Computern gut aus. Eine elektrotechnische Ausbildung mit guten Kenntnissen der Elektronik ist unabdingbar. Außerdem benötigen Sie technisches Talent für den Aufbau des Equipments sowie viel organisatorisches Talent. Denn schließlich soll die Veranstaltung pünktlich beginnen und reibungslos ablaufen.

Das Startkapital: Licht und Ton sind teuer. Qualitätsunterschiede drücken sich drastisch im Preis aus. Wenn Sie für den häuslichen Bedarf für eine Lautsprecherbox 150 Euro ausgeben, dann müssen Sie im professionellen Bereich schon mit 1.500 Euro rechnen. Auch bei einer wenig üppigen Ausstattung sind Sie schnell bei 250.000 Euro angekommen. Allerdings ist das für Sie eher nebensächlich, denn Sie brauchen die teuren Geräte nicht zu kaufen, sondern können sie bei einem der professionellen Licht- und Tonverleiher auch mieten. Als Dauerkunden liegt es an Ihrem Verhandlungsgeschick, mit dem Verleiher besonders günstige Preise auszuhandeln. Vergessen Sie keinesfalls eine Haftpflichtversicherung, denn bei den Werten, mit denen Sie umgehen, kann es ansonsten ganz schnell sehr teuer werden. Die Haftpflicht muss unbedingt Personenschäden einbeziehen.

Der Gewinn: Die Qualität Ihrer Arbeit ist ein wesentlicher Faktor. Nach Abzug der Kosten für Lkw und Personal sollten Ihnen 3 % des Materialwerts als Gewinn bleiben.

So gewinnen Sie Kunden: „Klinken putzen", persönlich, per Brief, per Telefon bei Schulen, Vereinen, örtlichen Parteiorganisationen, der Stadtverwaltung... und natürlich Anzeigen in der Tageszeitung und den Anzeigenblättern für den privaten Kunden.

Tipp: Beginnen Sie mit kleinen Veranstaltungen, bei großen Veranstaltungen werden eher erfahrene Unternehmen bevorzugt. Der Bereich Licht, Ton und Bühnentechnik entwickelt inzwischen spezielle Berufsbilder. Vielleicht ist es günstig, über eine Ausbildung oder ein Praktikum in diesen Bereich einzusteigen. Fortbildungsveranstaltungen werden von einschlägigen Verbänden und IHKs angeboten.

Auf einen Blick

Voraussetzungen: gute technische Kenntnisse, besonders Elektrik und Elektronik

Startkapital: 0 Euro bis „oben offen", Versicherungsprämien ab etwa 300 Euro

Gewinn: bei Fremdgeräten etwa 3 % des eingesetzten Materialwerts, bei kleineren Veranstaltungen bis 10 % des Materialwerts oder Tagespauschalen (ca. 175 Euro plus Mietkosten)

Besonders geeignet für: Elektriker, Unterhaltungselektroniker

Besonderheiten: kann lukrativer Hauptberuf werden

Märchen erzählen

Die Idee: Märchenerzähler genießen im Orient auch heute noch hohes Ansehen. Vor Jahrhunderten waren sie auch in unseren Breiten bei Hofe gern gesehene Gäste und wurden fürstlich entlohnt. Doch auch in der heutigen Zeit kann man als Märchenerzähler Geld verdienen, gleich, ob Sie Ihren Zusatzverdienst als Märchenonkel oder als Märchentante erzielen. Nur das Honorar ist nicht mehr ganz so fürstlich.

Die Voraussetzungen: Da Ihre Zuhörer in den meisten Fällen Kinder sind, sollten Sie wissen, wie Sie Kinder ansprechen können, also pädagogisches Geschick haben. Außerdem sollten Sie über ausreichend schauspielerisches Talent verfügen. Denn es ist wichtig, das Vorgetragene mimisch und mit Gesten zu unterstreichen. Weiterhin sollten Sie über ein reiches Repertoire der verschiedensten Märchen aus aller Welt verfügen. Sie sollten es verstehen, sehr ausdrucksvoll und in sehr gutem Deutsch zu sprechen. Wenn Sie einige Dialekte beherrschen, dann macht das Ihren Vortrag noch lebendiger.

Das Angebot: Sie bieten Kindergärten, Schulen, Kirchengemeinden oder Seniorenheimen an, eine Märchenstunde zu halten. Sie schlagen einen Themenkreis vor, wenn Sie mehrere Märchen zum besten geben wollen, und der Leiter oder die Leiterin der Einrichtung entscheidet dann.

So wird's gemacht: Als Märchenerzähler haben Sie eine große Bibliothek mit Märchensammlungen und Sagen aus aller Welt. Sie brauchen sich nicht auf die deutschen Hausmärchen, die Märchen, die von den Gebrüdern Grimm gesammelt wurden, oder die von Hans Christian Andersen zu beschränken. Auch in der neueren Literatur gibt es eine Reihe von modernen Märchen. Fast jede Nation und jede Kultur hat eine eigene

Märchen erzählen

Märchenkultur entwickelt. Besonders reizvoll sind Märchen aus Indien und dem Orient.

Sie studieren auch Märchen und deren Entstehung und können über Märchendeutungen berichten. Hierzu finden Sie in Bibliotheken reichhaltiges Informationsmaterial. Üben Sie zu Hause, vor kleinem Publikum, und lassen Sie sich von Ihren Kindern korrigieren oder hören Sie sich konstruktive Änderungsvorschläge bezüglich Ihres Vortrags an.

Bei Kindern, aber auch bei Erwachsenen, kommt es gut an, wenn der Märchenerzähler aussieht, als sei er direkt den Märchen aus 1001 Nacht entsprungen. Fertigen Sie sich zu den jeweiligen Themenkreisen ein entsprechendes Kostüm, das Sie bei Ihrem Auftritt anlegen.

In Kindergärten und Schulen können sich die Kinder in einem Halbkreis um Ihren Sessel setzen. Schaffen Sie aber genügend Abstand, damit Sie während Ihres Vortrags auch aufstehen, hin und her gehen können. Das verleiht Ihrer Märchenerzählung mehr Ausdruck.

In Seniorenheimen und bei Veranstaltungen vor Erwachsenen sollten Sie den kulturgeschichtlichen Hintergrund der Märchen darstellen können. Hier kommen die Zuhörer nicht nur wegen einer spannenden Geschichte, sondern meist, weil sie selbst Märchenliebhaber sind und neue Märchen kennenlernen möchten. Vor solchem Publikum sollten Sie auf eher unbekannte Märchen aus Ihrem Repertoire zurückgreifen.

Die Startkosten: Startkosten fallen bei diesem Zusatzverdienst kaum an, denn die Kostüme können Sie entweder preisgünstig selbst herstellen oder für unter 50 Euro bei einer Versteigerung der Kostüme des naheliegenden Theaters ersteigern.

Auf ein Mikrofon mit Lautsprechern können Sie ebenfalls verzichten, denn die Zuhörer, selbst Kinder, sind bei Ihrem Vortrag so ruhig, dass man eine Stecknadel fallen hören könnte. Lediglich bei Veranstaltungen mit sehr vielen Zuhörern arbeiten Sie mit technischer Unterstützung. Da genügt eine einfache Mikrofonanlage, die Sie preiswert (unter 50 Euro) mieten können.

Honorar: Wenn Sie in Kindergärten und in Schulen erzählen, so sollte eine Vorstellung für 100 Kinder nicht mehr als 75 Euro kosten. Bei anderen Einrichtungen, beispielsweise in Seniorenheimen, können Sie 100 bis 125 Euro je Vorstellung verlangen. Überlässt man Ihnen einen Raum, und die Zuhörer bezahlen selbst, so kann der Eintritt bei 2,50 Euro je Person liegen.

So gewinnen Sie Kunden: Schreiben Sie Kindergärten und Schulen an, stellen Sie Ihr Angebot schriftlich vor und kündigen gleichzeitig an, dass Sie noch einmal anrufen werden. Sind Sie gerade in der Nähe der Einrichtung, sollten Sie sich in der großen Pause dem Schulleiter und den Klassenlehrern der in Frage kommenden Jahrgänge vorstellen und persönlich über Ihre Vorstellung berichten. Ähnlich gehen Sie bei Seniorenheimen vor. Dort ist der Verwaltungsleiter Ihr Ansprechpartner.

Tipp: Wenn Sie ein ausgemachter Märchenexperte sind, dann können Sie Ihr Angebot auch Volkshochschulen unterbreiten. Dann allerdings wird von Ihnen erwartet, dass Sie über den literaturgeschichtlichen Hintergrund ausführlich informieren.

Auf einen Blick

Voraussetzungen: gute Sprache, interessante Stimme, Hintergrundwissen, schauspielerisches Talent
Startkapital: keines
Honorar: ab 75 Euro je 60 Minuten
Besonders geeignet für: pensionierte Lehrer/innen

Marktforschung

Die Idee: In der Wirtschaft will man es ganz genau wissen: Wie wird mein Produkt bei den Konsumenten eingeschätzt? Welche Chancen hat mein neues Produkt auf dem Markt? Was ist nach Meinung der Konsumenten verbesserungswürdig? Wohin geht der Trend?

Die Antworten auf diese und andere Fragen sind für Unternehmen von großer Bedeutung für strategische Entscheidungen. Deshalb werden Marktforschungsinstitute beauftragt, ein Meinungsbild zu erstellen. Diese wiederum unterhalten ein ganzes Heer von Interviewern und Interviewerinnen, um den Auftraggebern aus der Wirtschaft mit ihren Auskünften bei der Entscheidungsfindung behilflich zu sein. Hier bieten sich Möglichkeiten, einen Zusatzverdienst zu erzielen.

Die Voraussetzungen: Interviewer und Interviewerinnen sind kontaktfreudig, fassen schnell auf und verfügen über Einfühlungsvermögen. Sie sind mobil und können kurzfristig zur Verfügung stehen.

Das Angebot: Hier geht es weniger um das, was Interviewer/innen anbieten, sondern darum, was die Markt- und Meinungsforschungsinstitute fordern. Interviewer/innen erstellen Interviewprotokolle, meist nach einem genau vorgegebenen Fragenkatalog. Die Interview-partner werden oft auf der Straße, in Supermärkten oder Kaufhäusern angesprochen. Es gibt allerdings auch Telefoninterviews und Gesprächsrunden, zu denen Konsumenten eingeladen werden.

Marktforschung

So wird's gemacht: Das Marktforschungsunternehmen wirbt mit Kleinanzeigen in der Tagespresse und baut so eine Mannschaft von Interviewer/innen auf, die sie bei Bedarf anrufen und kurz auf ihren Einsatz vorbereiten. Dabei wird den Interviewern das Ziel der Untersuchung dargestellt, der Fragebogen vorgestellt und erklärt und auch, auf welche Fragen es besonders ankommt. Ein Abgabetermin wird festgelegt, bis zu dem der Interviewer die Fragebögen ausgefüllt und abgegeben haben muss.

Bei Straßeninterviews werden Passanten, von denen die Interviewer vermuten, dass sie der anzusprechenden Zielgruppe angehören, um ein kurzes Gespräch gebeten. Nicht immer trifft der Interviewer auf Verständnis, denn viele Passanten vermuten, sie sollten in ein Verkaufsgespräch verwickelt werden. Deshalb sollte der Interviewer gleich klarstellen, dass es sich hier um Meinungsforschung handelt und sich mit einem Ausweis vorstellen, der die Tätigkeit für ein bestimmtes Institut bestätigt. Dies baut Misstrauen bei Passanten ab und führt zu besseren, weil vorurteilsfreien Interviews. Die Straßenbefragungen sind in der Regel recht kurz und meistens schon nach fünf Minuten erledigt.

Ähnlich ist es bei Befragungen in Supermärkten, Handwerkermärkten und Kaufhäusern, wo sich die Interviewer für gewöhnlich neben dem Regal aufstellen, in dem der Auftraggeber der Untersuchung seine Waren plaziert hat. Legt ein Käufer das Produkt oder ein Konkurrenzprodukt in den Warenkorb, so wird er vom Interviewer gebeten, für einige Fragen zur Verfügung zu stehen. Hier ist es für den Interviewer leichter, Interviewpartner zu bekommen, weil die Angesprochenen nicht den Verdacht haben, zu einem Kauf verführt zu werden. Bei Telefoninterviews, die im Allgemeinen abends stattfinden, wenn Berufstätige zu Hause sind, suchen die Interviewer/innen ihre Interviewpartner nach dem Zufallsprinzip aus. Auch hier wird ein vorgegebener Fragebogen abgearbeitet.

Bei umfangreichen Interviews, die in den Wohnungen der Interviewpartner durchgeführt werden, sollte man sich vorher telefonisch anmelden. Es ist wichtig, das Vertrauen des Interviewpartners schon am Telefon zu erringen, denn heute werden fremde Personen nicht so leicht in die Wohnung gelassen. Hier hilft die Bitte weiter, ob der Angerufene nicht einen Nachbarn oder eine Freundin einladen könnte. So fühlt sich der Interviewpartner nicht allein und der Interviewer hat gleich zwei Fragebögen bei einem Termin abgearbeitet.

Bei Gruppengesprächen gilt es, Testpersonen ins Institut einzuladen. Hier werden die Befragten bewirtet und erhalten in der Regel auch eine Aufwandsentschädigung.

Die Startkosten: Startkosten fallen nicht an.

Lohn: Die Marktforschungsunternehmen bezahlen in der Regel nach ausgefüllten Fragebögen. Diese werden mit 5 bis 7,50 Euro entlohnt, oder es wird ein Stundenlohn von 7,50 bis 10 Euro bezahlt.

So gewinnen Sie Kunden: Interviewer reagieren auf Stellenangebote in der Zeitung oder bewerben sich aktiv bei Marktforschungsunternehmen, auch wenn diese im Augenblick nicht nach Mitarbeitern suchen.

Auf einen Blick

Voraussetzungen: Kontaktfreude, Einfühlungsvermögen, Mobilität und Bereitschaft, kurzfristig Einsätze zu übernehmen

Startkapital: keines

Lohn: 5,00 bis 7,50 Euro je Kurzinterview

Besonders geeignet für: Studenten/innen

Möbel restaurieren

Die Idee: Das Hobby können Sie zum einträglichen Zusatzverdienst machen, wenn Sie antike oder zumindest sehr alte Möbel restaurieren und verkaufen.

Die Voraussetzungen: Um Möbel aufzuarbeiten, benötigen Sie eine Holzwerkstatt, die notfalls auch in der Garage untergebracht sein kann. Dazu gehören verschiedene maschinelle Sägen, Schleifgeräte, Leime, Lasuren und ein möglichst großer Vorrat an alten Hölzern, die zum Ausbessern antiker Stücke verwendet werden. Sie sind vertraut mit Tischlerarbeit, weil Sie dieses Handwerk entweder erlernt haben oder es als Hobby betreiben. Außerdem steht Ihnen ein Lagerraum zur Verfügung, in dem Sie die unrestaurierten Stücke und für kurze Zeit auch die restaurierten Möbel unterbringen, bevor Sie diese verkaufen. Das Feld der antiken Möbel ist nicht leicht zu überschauen. Deshalb sollten Sie viel von Kunstgeschichte verstehen und wissen, woran man auch gute Fälschungen erkennen kann.

Das Angebot: Sie bieten Ihren Kunden an, deren Möbel aufzuarbeiten und daran kleine Reparaturen durchzuführen. Die Aufarbeitung beinhaltet die gründliche Reinigung, manchmal das Entfernen von Farbe, die Konservierung und Politur, wenn es zum Stil des Möbelstücks gehört. Sie kaufen bei Versteigerungen, auf Flohmärkten und bei Haushaltsauflösungen antike Möbel an, restaurieren, wo es erforderlich ist, wachsen sie ein und bieten sie zum Verkauf an. Solange Sie nur gelegentlich verkaufen, gilt das Restaurieren von Möbeln als Hobby, und es muss kein Gewerbe angemeldet werden.

So wird's gemacht: Der erste Teil Ihrer Arbeit besteht aus Theorie. Wenn Sie ein Möbelstück sehen, das zwar in schlechtem Zustand ist, Sie sich aber zutrauen, es stilgerecht wiederherzustellen, dann müssen Sie es natürlich einer Kunstepoche und einer Zeit genau zuordnen können. Dazu vergleichen Sie das fragliche Teil mit Referenzabbildungen aus Nachschlagewerken.

Möbel restaurieren

Sind irgendwelche Teile so sehr beschädigt, dass sie ausgewechselt werden müssen, so erkennen Sie, um welche Holzart es sich handelt und müssen sich nun auf die Suche nach einem solchen Stück Holz machen, das außerdem noch in etwa das gleiche Alter haben muss. Ist beispielsweise eine Kufe eines barocken Brotschränkchens so mitgenommen, dass man sie ersetzen muss, so stellt sich Ihnen die Aufgabe, ein etwa 300 Jahre altes Stück Eichenholz von passender Größe zu finden. Aber wo sollten Sie suchen? Fahren Sie aufs Land und halten Sie nach verfallenen Fachwerkhäusern Ausschau. Möglicherweise können Sie vom Besitzer einen Balken erwerben, denn diese sind zumeist aus Eichenholz gezimmert.

Für Ablaugarbeiten gibt es spezialisierte Betriebe, die den Lack in Tauchbädern in verschiedenen Säurebädern ablösen. Haben Sie das beschädigte Stück wieder in Stand gesetzt, können Sie es per Kleinanzeige in der Tagespresse zum Kauf anbieten.

Die Startkosten: Haben Sie das notwendige Werkzeug, insbesondere die Maschinen, nicht zur Verfügung, so sollten Sie versuchen, diese gebraucht zu erstehen. Sehen Sie in der Zeitung bei Geschäftsauflösungen nach, dann können Sie schon mit 750 Euro zu professionellem Werkzeug kommen. Weitere Startkosten sind nicht erforderlich, da der Ankauf von renovierungsbedürftigem Mobiliar zum normalen Geschäftsablauf gehört.

Der Gewinn: Der Gewinn hängt maßgeblich davon ab, ob Sie unerkannte Schätzchen einkaufen können. Zuweilen brauchen Sie auch nicht viel zu reparieren, sondern das gute Stück lediglich gut zu reinigen und zu konservieren. Orientieren Sie sich in etwa an den Preisen, die Antiquitätenhändler verlangen. Bei Auftragsarbeiten berechnen Sie den Kunden 12,50 bis 15 Euro je Arbeitsstunde.

So gewinnen Sie Kunden: Sie können in der Tagespresse regelmäßig Anzeigen schalten, in denen Sie die Restaurierung alter und antiker Möbel anbieten. Ansonsten bieten Sie die restaurierten Stücke einzeln per Inserat zum Kauf an.

Tipp: Wenn Sie nur „gelegentlich" und nicht ständig Antiquitäten zum Kauf anbieten, dann gilt Ihre Tätigkeit nicht als Gewerbe, fällt in den Bereich Hobby, und Sie brauchen dafür kein Gewerbe anzumelden.

Auf einen Blick

Voraussetzungen: handwerkliche Begabung, kunsthistorische Kenntnisse
Startkapital: bis zu 750 Euro für die Beschaffung von Werkzeug
Gewinn: ca. 12,50 bis 15 Euro für Auftragsarbeiten, ansonsten abhängig vom Einkaufspreis. Orientieren Sie sich an den Preisen der Antiquitätenhändler.
Besonders geeignet für: Bastler und Tischler

Nachhilfeunterricht

Die Idee: Das schulische Ziel des Kindes oder der ehrgeizigen Eltern, sei es das Erreichen des Klassenziels, der erfolgreiche Übergang zu einer weiterführenden Schule oder der schulische Abschluss, liegt zur Zeit in weiter Ferne, da der Schüler in mindestens einem Unterrichtsfach erhebliche Schwächen aufweist. Oft liegt das nicht an der mangelnden Intelligenz des Schülers, sondern an seiner Einstellung. Es kann aber auch daran liegen, dass der Schüler mit bestimmten Lehrern nicht gut auskommt und sich das in schlechten Leistungen niederschlägt. Die Eltern sind alarmiert, haben sie doch so große Hoffnungen in ihren Sprössling gesetzt. Der Schüler ist frustriert, und in sechs Wochen steht die Nachprüfung an, mit der das Erreichen des Klassenziels noch geschafft werden kann. Allein jedoch kann er seinen Wissensrückstand nicht aufholen. Hier hilft nur noch einer: der Nachhilfelehrer. Das könnte für Sie die Möglichkeit darstellen, nebenbei noch die Haushaltskasse aufzubessern.

Die Voraussetzungen: Der Nachhilfelehrer benötigt neben Lehrtalent auch fundiertes Fachwissen in bestimmten Unterrichtsfächern. Psychologische Grundkenntnisse verbessern die Chancen, das gesteckte Ziel zu erreichen.

Das Angebot: Der Nachhilfelehrer bietet an, die Wissenslücken entweder begleitend zum Unterricht zu schließen oder den Schüler innerhalb kurzer Zeit auf bestimmte Prüfungen vorzubereiten. Das kann das Abitur, die Nachprüfung oder die entscheidende Klausur sein, die darüber entscheidet, ob das Klassenziel erreicht wird.

So wird's gemacht: Der Nachhilfelehrer kennt die Stoffpläne der Schulen in dem jeweiligen Unterrichtsfach genau und stellt schon nach einem kurzen Gespräch mit dem Schüler fest, wo die Defizite liegen. Wichtig ist auch, dass er die psychologische Situation des Schülers richtig einschätzt.

Die erste Aufgabe des Nachhilfelehrers besteht darin, den Schüler zu motivieren, wirklich selbst das meistens von den Eltern vorgegebene Ziel erreichen zu wollen. Weil ihm durch zahlreiche Misserfolge oft das Selbstvertrauen abhanden gekommen ist, muss dieses durch Erfolgserlebnisse wieder hergestellt werden. Der Schüler muss selbst erkennen, dass es in seinen Kräften liegt, das angestrebte Ziel zu erreichen, sonst sind jegliche Motivationsbemühungen und auch jegliches Fachwissen des Nachhilfelehrers vergeblich.

Der Nachhilfelehrer hat in einer schwierigen Situation gleich an zwei Fronten zu kämpfen. Einerseits muss er beginnen, an der Stelle, an der beim Schüler „der Faden gerissen ist", diesen wieder aufzunehmen und konsequent den aktuellen, nicht verstandenen Unterrichtsstoff zu vermitteln. Dabei kann er zwar schneller vorgehen, als es im Klassenverband möglich ist, doch benötigt er Zeit, das vermittelte Wissen beim Schüler

Nachhilfeunterricht

durch Übung zu festigen. Sowohl der Schüler als auch die Eltern erwarten Sofortwirkung. Das heißt, von nun an sollen bessere Leistungen im Unterricht und in den Prüfungen erzielt werden. Für den Nachhilfelehrer heißt das, dass er dem Schüler helfen muss, mit dem aktuellen Unterrichtsstoff zurechtzukommen. Deshalb wird er sich täglich um seinen Schützling kümmern und sowohl den aktuellen Unterricht begleiten und das Verständnis für die Materie vertiefen, gleichzeitig aber auch Basiswissen vermitteln. Besteht die Aufgabe darin, beispielsweise über die Sommerferien seinen Schützling für die Nachprüfung fit zu machen, so hat er mehr Zeit zur Verfügung und kann konzentriert den Prüfungsstoff aufarbeiten.

Die Startkosten: Bei diesem Nebenverdienst entfallen Startkosten. Lediglich für das Schalten von Kleinanzeigen in der Rubrik „Unterricht" in der Tagespresse oder in Anzeigenblättern sollte man etwa 150 Euro bereithalten. Sehen Sie selbst nach, ob Sie in der genannten Rubrik entsprechende Suchanzeigen finden. Dann sparen Sie die Insertionskosten.

Honorar: Nachhilfe ist hochwertige Wissensvermittlung, oft gepaart mit psychologischer Arbeit. Je nach Unterrichtsfach, Anspruch des zu vermittelnden Stoffes, Umfang der Defizite beim Schüler und Art und Ziel der Vorbereitung können Nachhilfelehrer zwischen 12,5 und 23 Euro je Stunde verlangen und auch bekommen. Es ist nicht unverschämt, für das Erreichen eines bestimmten Ziels eine Prämie zu vereinbaren, die in ihrer Höhe von der Bedeutung der Zielerreichung für Eltern und Schüler abhängig ist. Ein bestandenes Abitur sollte schon mit Papiergeld bezahlt werden. Allerdings sollten Sie immer auch die finanziellen Möglichkeiten Ihr Auftraggeber berücksichtigen.

So gewinnen Sie Kunden: Sehen Sie zunächst nach, ob in Suchanzeigen Ihre Dienste benötigt werden. Ansonsten können Sie Ihr Angebot sowohl kostenfrei am „Schwarzen Brett" in Gymnasien aushängen, als auch Kleinanzeigen in der Tagespresse schalten.

Auf einen Blick

Voraussetzungen: sehr gute Fachkenntnisse in den jeweiligen Unterrichtsfächern, Lehrtalent, Einfühlungsvermögen

Startkapital: keines

Honorar: zwischen 12,5 und 23 Euro je Stunde

Besonders geeignet für: Lehrer und Studenten

Naturkosmetik

Die Idee: Beim Verbraucher wurde in den letzten Jahren immer deutlicher ein starkes Umweltbewusstsein erkennbar. Nutzen Sie den Zug der Zeit und springen Sie auf: Eröffnen Sie einen Naturkosmetik-Stand auf dem Wochenendmarkt. Den Markt haben mit viel Aufwand große Unternehmen wie Yves Rocher oder Body Shop für Sie geöffnet. Sie brauchen nur noch einzusteigen ins Geschäft mit den Naturprodukten für Haut und Haar (und ein wenig fürs gute Umwelt-Gewissen Ihrer Kunden).

Die Voraussetzungen: Kaufmännische Kenntnisse sind sehr hilfreich, aber nicht unbedingt erforderlich. Wichtig ist allerdings, dass Sie selbst entschieden den „natürlichen" Gedanken vertreten können und sich in der Kosmetikbranche so gut auskennen, dass Sie Ihre Kunden sachkundig beraten können. Das Lächeln sollte Ihnen angeboren sein.

Das Angebot: Das Angebot an Ihrem Naturkosmetik-Stand unterscheidet sich zunächst kaum von dem anderer Parfümerien – nur in der Art der Rohstoffe und der Herstellungsweise der Produkte. „Keine Tierversuche!", das ist wichtig. Die Ingredienzen sollten aus biologischem Anbau stammen. Die Hersteller solcher Produkte können Sie dem alternativen Branchenbuch entnehmen.

Sie können Ihr Sortiment allerdings auch durch Produkte aus dem Ausland erweitern. Halten Sie Ihre Augen offen, wenn Sie Auslandsreisen machen. Tätigen Sie Testkäufe und erkundigen Sie sich, gerade im Orient, nach Importmöglichkeiten.

Möglicherweise entschließen Sie sich, die Grundstoffe zur Selbstherstellung von Pflegeprodukten zu verkaufen. Dann sollten Sie aber mit Rezepturen auf Handzetteln dafür werben. Sinnvoll ist es, das Angebot durch ätherische Öle für Raumluftverbesserung und Aromatherapie zu ergänzen. Hinzu kommen dann noch diverse Modelle an Öllämpchen, wenn Sie möchten auch ein Sortiment an Räucherstäbchen. Außerdem können Sie Literatur zur Aromatherapie und zur Herstellung von Pflegeprodukten anbieten.

So wird's gemacht: Besuchen Sie zuerst einige Wochenendmärkte in Ihrer näheren Wohnumgebung, und beobachten Sie die Konkurrenz. Achten Sie auf die Umsatzbringer an den Ständen mit vergleichbarem Angebot. Naturkosmetik werden Sie noch nicht so oft finden, aber das ist Ihr Vorteil, wenn Sie auf den Markt gehen. Achten Sie auf den Verkauf der Duftessenzen. Danach kaufen Sie einen Flohmarktkalender, der auf nahezu allen Märkten angeboten wird und suchen sich Märkte aus, die für Sie gut erreichbar sind und die in Ihren Zeitplan passen. Eintägige Märkte ersparen Ihnen Übernachtungskosten. Haben Sie Ihre Startausrüstung beschafft, so steht Ihrem ersten Marktbesuch nichts im Wege. Beschaffen Sie für Ihren Stand frischen Blumenschmuck oder einige Grünpflanzen als Dekoration, schon dadurch heben Sie sich von anderen Ständen

Naturkosmetik

ab und ziehen die Aufmerksamkeit auf sich. Sie sind rechtzeitig am Veranstaltungsort und bauen in aller Ruhe auf. Suchen Sie sich einen Platz, der möglichst weit von Würstchenbuden und Reibekuchenständen entfernt ist. Ansonsten kommen Ihre Düfte nicht zur Geltung. Verströmen Sie ruhig per Duftlämpchen einen sehr intensiv riechenden Duft. Damit erregen Sie die Aufmerksamkeit der Nasen, auf die es Ihnen ankommt. Die besten Umsatzzeiten sind kurz vor dem Mittagessen und zwischen 14.00 und 16.00 Uhr. Später können Sie schon mit dem Einräumen beginnen.

Die Startkosten: Für die Standmiete sollten Sie etwa 30 Euro berücksichtigen, das entspricht einer Standbreite von drei Metern. Die Einrichtung sollten Sie einfach "natürlich" wählen, gut macht sich auch die Farbe Weiß. Dazu kommt natürlich auch eine Ausstattung mit Verpackungsmaterial. Der Stand selbst macht etwa 300 Euro aus. Hinzu kommt die Warenerstausstattung, für die Sie, je nach Anteil der Kommissionsware an Ihrem Lager, etwa 3.000 bis 6.000 Euro bereithalten sollten.

Der Gewinn: Halten Sie Ihre laufenden Kosten gering und arbeiten ohne Personal, so können Sie, falls Sie jeweils nur Gewinne entnehmen, durchaus eine Umsatzrendite von 55 % erwirtschaften. Klein starten ist kostengünstig und zudem sehr kundenfreundlich.

So gewinnen Sie Kunden: Durch attraktive Standgestaltung ziehen Sie Impulskäufer an Ihren Stand. An Ihrem Auftreten und Ihrer Beratungskompetenz liegt es, diese zu Stammkunden zu machen. Bieten Sie Kunden an, Nachbestellungen gegen Rechnung zu liefern, und gewinnen Sie so Stammkunden.

Tipp: Haben Sie mit dem Marktstand Erfolg, können Sie Ihre Ware auch im Versand anbieten. Hier schlagen aber die Insertionskosten stark ins Budget. Besser ist es, Sie legen den auf dem Markt verkauften Artikeln eine Übersicht der bei Ihnen erhältlichen Produkte mit Preisen bei, damit man bei Ihnen nachbestellen kann.

Auf einen Blick

Voraussetzungen: Kenntnis von Hautpflege und Wirkungsweise der Produkte

Startkapital: ab etwa 3.000 Euro (für das Warenlager)

Gewinn: ca. 50 bis 60 % vom Umsatz

Besonders geeignet für: Kosmetikerinnen

Besonderheiten: Gewerbeanmeldung

PC-Lehrer

Die Idee: Aldi, andere Discounter, Supermärkte und Computer-Versandhändler tragen dazu bei, Bill Gates' Traum wahr zu machen: in jedem Haushalt mindestens ein Computer. Sie versorgen Anfänger mit preisgünstiger Ware.

Gekauft ist das elektronische Rechengenie schnell, und für die Installation der Hardware haben die meisten Anfänger Hilfe. Doch dann wird es schwierig. Welche Software brauche ich? Schnell wird das große Office-Paket des Marktführers gekauft, dazu ein Grafikprogramm, mit dem man so nette Bildchen machen kann. Und wie geht es dann weiter? Ja, mit einem Programm kann man rechnen, mit dem anderen Texte schreiben, mit wieder einem anderen kann man Grafiken erstellen. Aber nur sehr mühsam schaffen es Einsteiger, sich in der unbekannten Materie zurechtzufinden. Und sehr lange dauert es, bis sie die Möglichkeiten der Programme ausloten. Einfacher geht es, wenn Sie, als erfahrener Anwender, den Computer-Novizen in die Geheimnisse der Bits und Bytes einführen und sich nebenbei einen Zusatzverdienst sichern.

Die Voraussetzungen: Sie sind schon lange dabei und kennen die neuesten Versionen der verbreitetsten Anwendungsprogramme aus dem Effeff. Informatiker müssen Sie nicht sein, denn die Anfänger am Keyboard wollen schließlich keine Programme erstellen, sondern diese nur nutzen – und das möglichst schnell und möglichst effektiv.

Das Angebot: Sie bieten Ihren Kunden an – im Einzel- oder Gruppenunterricht – die Handhabung von Textverarbeitung, Tabellenkalkulation, der Datenbank und von Grafikprogrammen zu unterrichten. Dabei gehen Sie insbesondere von den besonderen Bedürfnissen der Kunden aus, damit sie im beruflichen wie auch im privaten Bereich die Möglichkeiten des Computers zu ihrem Vorteil anwenden.

So wird's gemacht: Zunächst führen Sie mit Ihrem Kunden ein Gespräch, in dem Sie erkunden, welche Arbeiten er am Computer verrichten möchte, was davon beruflich genutzt werden soll und was in den Bereich der privaten Nutzung fällt. Vorrang im Unterricht hat die berufliche Nutzung. Sie prüfen, ob die auf dem Computer installierten Programme den Anforderungen entsprechen oder ob es bessere Lösungen gibt.

Nächster Schritt ist die Organisation der Dateiverwaltung. Machen Sie Ihren Schüler damit vertraut, wie man Verzeichnisse anlegt, darin Unterverzeichnisse einrichtet und wie man Dateien dort abspeichert. Schließlich ist Ordnung im Computer die wichtigste Voraussetzung, um später auf bereits angelegte Dateien zurückgreifen zu können. Wichtig ist für den Schüler auch zu wissen, wie Dateien anderer Formate konvertiert werden, oder wie man Dateien unter einem neuen Format abspeichert und auf Disketten kopiert. Um Datenverlust vorzubeugen, zeigen Sie Ihrem Schüler die praktikabelsten und sinnvollsten Möglichkeiten der Datensicherung und wie man sich vor Computerviren schützt, die die Daten auf dem PC in kürzester Zeit vernichten können.

PC-Lehrer

Für die Arbeit mit der Textverarbeitung halten Sie auf Disketten vorbereitete Texte bereit, die zu formatieren sind, in die Abbildungen eingebaut werden, bei denen eine Rechtschreibüberprüfung durchgeführt wird. Gehen Sie mit Ihrem Schüler die beruflichen Anwendungsbereiche durch. Wichtig ist, dass der Schüler nicht nur sieht, was Sie können, sondern, dass er anhand der diversen Schaltflächen und Pulldown-Menüs die Systematik der Programme kennenlernt, um sich dann, wenn Sie nicht zur Verfügung stehen, selbst weiterzuhelfen. Machen Sie Ihren Eleven mit den Hilfefunktionen des Programms vertraut.

Im Wesentlichen gelten diese Hinweise auch für die Tabellenkalkulation, Datenbankanwendung und Grafikprogramme. Zur Hohen Schule der Anwendung gehört die Verbindung von Teilen verschiedener Programme in einem Dokument. So beispielsweise die Einbindung von Grafiken, die aus den Daten eines Kalkulationsblattes resultieren, und von Grafiken, die aus einem Zeichenprogramm stammen, in eine Textdatei. Kann Ihr Schüler auch Serienbriefe mit den Eintragungen in einer Datenbank ausdrucken, dann können Sie den Unterricht beenden.

Die Startkosten: Startkosten fallen für einen PC-Lehrer nicht an, weil er selbst alle Geräte zur Verfügung hat.

Honorar: Kalkulieren Sie im Einzelunterricht mit einem Honorar von 30 Euro für 90 Minuten Unterricht. Der Kurs umfasst, je nach Auffassungsgabe des Schülers und Umfang der zu unterrichtenden Anwendungsprogramme, zwischen 10 und 15 Doppelstunden.

So gewinnen Sie Kunden: Erste Kunden gewinnen Sie mit Kleinanzeigen in der Tagespresse und Anzeigenblättern. Hinterlassen Sie bei Computerdiscountern Ihre Visitenkarte und vereinbaren Sie mit den Verkäufern eine Provision, wenn sie Kunden empfehlen.

Tipp: Bieten Sie der örtlichen Volkshochschule an, Einführungskurse zu unterrichten. Das ist eine Art von Werbung, für die Sie auch noch bezahlt werden.

Auf einen Blick

Voraussetzungen: Fundierte und vielseitige Software-Kenntnisse, Lehrtalent

Startkapital: keines

Honorar: ca. 30 Euro je 45 Minuten

Der Pflanzendoktor

Die Idee: Manchen Menschen sagt man den besonderen „grünen Daumen" nach, das heißt, Sie haben ein Händchen für Pflanzen, bei Ihnen gedeihen alle Pflanzen bestens. Selbstverständlich hat dies nichts mit Magie oder übersinnlichen Kräften zu tun, sondern der Mensch mit dem „grünen Daumen" kennt sich schlicht und ergreifend mit Pflanzen aus. Kein Wunder, dass sie sich wohl fühlen, wenn sie die richtige Temperatur, die richtige Luftfeuchtigkeit und auch das richtige Sonnen- oder Schattenplätzchen bekommen.

Wenn Sie jemand sind, der sich mit Zierpflanzen gut auskennt, können Sie als Pflanzendoktor einen Zusatzverdienst erzielen.

Die Voraussetzungen: Sie müssen nicht unbedingt Gärtner oder Floristin sein, es reicht aus, wenn Sie die verbreitetsten Zimmer-, Balkon- und Gartenpflanzen genau kennen. Vielleicht sind Sie ein Hobbygärtner, haben in Ihrem Garten ein kleines Treibhaus oder einen schönen Wintergarten, in dem Sie Ihrem Hobby nachgehen. Das sollte für Ihren Start als Pflanzendoktor ausreichen.

Das Angebot: Der Pflanzendoktor bietet an, seine Kunden beim Kauf der Pflanzen zu beraten, wobei er die Gegebenheiten der Wohnung ebenso einbezieht wie die Vorstellungen seiner Kunden. Er untersucht kränkelnde Pflanzen, versorgt sie an Ort und Stelle mit neuer Erde, entsprechendem Dünger und gibt seinen Kunden Hinweise, wie die Pflanze zu behandeln ist, damit sie richtig gedeiht. Er ist auch bereit, die siechende Pflanze für eine gewisse Zeit „in Pflege zu nehmen", bis sie sich wieder erholt hat. Außerdem bietet er an, im Frühjahr die Balkonbepflanzung vorzunehmen.

So wird's gemacht: Wie wir bereits festgestellt haben, ist das Wissen um die verschiedensten Pflanzen das wichtigste Kapital des Pflanzendoktors. Dieses Wissen haben Sie sich über Jahre hinweg erworben, oder Sie sind gewillt, sich das Wissen anzueignen. Hierzu finden Sie in gut sortierten Buchhandlungen zahlreiche Bücher, die sich mit der Pflanzenpflege beschäftigen. Solche Bücher sollten Sie auf alle Fälle in Ihrem Bücherregal stehen haben, damit Sie im Zweifelsfall nachsehen können, wenn Sie nicht genau wissen, welche Bedingungen eine bestimmte Pflanze benötigt, um zu gedeihen.

Werden Sie gerufen, um kränkelnden Pflanzen wieder auf die Sprünge zu helfen, so werden Sie diese wie ein Arzt untersuchen:

- ✓ Stellen Sie Pilze im Erdreich fest?
- ✓ Stellen Sie Pflanzenläuse fest?
- ✓ Ist das Erdreich zu nass/zu trocken?
- ✓ Ist die Pflanzenerde zu sandig oder ist zu wenig Sand enthalten?

Der Pflanzendoktor

Sie haben die notwendigen Mittel wie neue Blumenerde, Dünger oder Schädlingsbekämpfungsmittel im Auto und können meist an Ort und Stelle den schlimmsten Schaden beheben. Nach einiger Zeit rufen Sie bei Ihrem Kunden an, um sich nach der Wirkung Ihrer Maßnahmen zu erkundigen.

Wenn Ihre Kunden es wünschen, nehmen Sie die Pflanze auch mit und versorgen sie bei sich zu Hause. Sie behalten die Pflanze einige Wochen und verfolgen die Fortschritte.

Werden Sie für eine Balkonbepflanzung engagiert, so beraten Sie Ihren Kunden zuerst und bieten an, die Pflanzen auch zu kaufen. Sie haben die Sachkenntnis, um auch die stärksten und gesündesten Pflanzen zu erkennen. Außerdem wissen Sie, bei welchem Gärtner oder in welchem Gartencenter Sie die schönsten Pflanzen erhalten.

Die Startkosten: Für diesen Zusatzverdienst halten sich die Startkosten in engen Grenzen. Die Literatur bekommen Sie für unter 50 Euro, einige Säcke Blumenerde, Torf und Sand sowie Aufzuchterde, Dünger und Schädlingsbekämpfungsmittel sollten Sie nicht mehr als 75 Euro kosten.

Lohn: Ihren Kunden berechnen Sie die Beratung pauschal mit 12,50 bis 15 Euro, die Arbeitsstunde (beispielsweise für Einkäufe, Bepflanzungen, Umtopfen und dergleichen) mit 10 Euro.

So gewinnen Sie Kunden: Versuchen Sie Kontakt mit Blumengeschäften aufzunehmen. Wenn Sie da bekannt sind oder viele Pflanzen kaufen, dann sollten Sie keine Schwierigkeiten haben, Handzettel mit Ihrem Angebot zu hinterlassen. Das Verkaufspersonal kann Sie im Bedarfsfall empfehlen. Sie sollten Ihr Angebot aber auch über Kleinanzeigen in der Tagespresse bekanntmachen.

Tipp: Verfügen Sie über ein kleines Treibhaus in Ihrem Garten, so können Sie selbst bestimmte gängige Pflanzen züchten und diese dann verkaufen.

Auf einen Blick

Voraussetzungen: gute Pflanzenkenntnisse oder ein „grüner Daumen"

Startkapital: maximal 125 Euro

Lohn: Stundenlohn um 10 Euro

Besonders geeignet für: Gärtner und Floristen, Hobbygärtner

Rasen- und Gartenpflege

Die Idee: Rasenmähen und Gartenarbeit gehört nicht immer zu den Lieblingsbeschäftigungen der Haus- und Grundbesitzer. Deshalb sind sie gern bereit, diese Arbeit abzugeben. Nicht immer findet sich ein Schüler aus der Nachbarschaft, der diesen Dienst übernimmt. Hier können Sie mit Ihrem Rasen- und Gartenpflege-Service die richtige Anlaufstelle sein.

Die Voraussetzungen: Kaufmännische Kenntnisse sind nicht erforderlich. Sie sollten aber doch ein sogenanntes „grünes Händchen" haben, denn oft ist auch die Pflege der Beete (inklusive Aussaat und Anpflanzung), das Schneiden der Hecken oder das Beschneiden der Obstbäume erwünscht. Außerdem ist es von Vorteil, wenn Sie Ihr eigenes Werkzeug im Auto mitbringen können.

Das Angebot: Rasenpflege umfasst hier in erster Linie das regelmäßige Schneiden des Rasens während der Wachstumsperiode. Auch die Vermoosung eines Rasens können Sie mit einem Vertikutierrechen oder einer Vertikutiermaschine beseitigen und besonders die Rasenränder pflegen.

Als Zusatzangebot können Sie die Pflege der Blumenbeete übernehmen. Sollten Ihre Auftraggeber keinen Kompost pflegen, so können Sie den Rasenschnitt auch umweltfreundlich entsorgen oder eine Kompostanlage einrichten. Den gewonnenen Humus kann man immer in den Blumenbeeten verwenden.

Die Startkosten: Zu den Dingen, die Sie für den Anfang benötigen, gehört natürlich ein Rasenmäher. Für kleinere Gartenanlagen empfiehlt sich ein leistungsstarker Elektromäher mit nicht zu enger Schnittbreite. Elektrische Mäher haben den Vorteil, dass Sie damit auch in der Mittagszeit arbeiten können, während Sie mit einem Motormäher an bestimmte Zeiten gebunden sind. Für den Elektromäher müssen Sie ca. 225 Euro ausgeben, für je 40 m Spezialkabel etwa 50 Euro. Ein Motormäher mit Radantrieb und einer Schnittbreite von 45 cm, Radantrieb und Elektrostarter kostet um 450 Euro. Damit können Sie, ohne sich zu sehr anzustrengen, Rasenflächen bis zu 1.500 qm schneiden. Wenn Sie auch das Schneiden der Hecken anbieten, so kostet Sie der Heckenschneider (elektrisch) etwa 125 Euro. Kleinere Gartenwerkzeuge wie Rechen, Spaten und ähnliches können Sie preiswert in Gartencentern erwerben. Rasenmäher mit Balkenmessern und noch größerer Schnittbreite benötigen Sie anfangs sicherlich nicht. Von Vorteil ist es allerdings, wenn Ihr Pkw über eine Anhängerkupplung verfügt, dann können Sie Ihr gesamtes Werkzeug auf einen Hänger laden und, falls erforderlich, auch Gartenabfälle wie Gras, Zweige und ähnliches mitnehmen und entsorgen. Einen solchen Anhänger bekommen Sie schon für rund 500 Euro. Sehen Sie sich auch auf dem Gebrauchtmarkt um. An Samstagen findet man immer mal ein günstiges Angebot in der lokalen Tageszeitung (in der Nähe der Kfz-Angebote).

Rasenmäher-Wartung

Der Gewinn: Wenn Sie Ihren Service im Abonnement verkaufen, so können Sie mit einem Stundenhonorar von 10 Euro kalkulieren. Bei Einzelaufträgen kalkulieren Sie mit einem Stundensatz von 12,50 Euro. Das Abonnement sollte einen Rasenschnitt pro Woche oder alle zwei Wochen umfassen. Sonderleistungen, wie den Abtransport und die Entsorgung von Gartenabfällen, stellen Sie ebenfalls in Rechnung. Nach Abzug der Kosten können Sie mit einem Gewinn vor Steuern von 80 Prozent vom Umsatz rechnen.

So gewinnen Sie Kunden: Schalten Sie schon am Ende des Winters Kleinanzeigen in der Tageszeitung oder in den Anzeigenblättern. Lassen Sie sich Handzettel drucken oder erstellen Sie diese auf einem Computer selbst und verteilen Sie diese in die Briefkästen der Hauseigentümer, deren Garten Sie gern pflegen würden. Gehen Sie ruhig auch einmal dort spazieren, wo Sie glauben, Sie könnten die Gartenpflege übernehmen. Möglicherweise können Sie einen potentiellen Kunden auch persönlich ansprechen. Die beste Werbung sind allerdings die Qualität Ihrer Arbeit und entsprechende Empfehlungen.

Tipp: Achten Sie auch darauf, dass Sie nicht mit dem Handwerksrecht in Konflikt kommen und bieten deshalb nur Leistungen an, für die keine besondere Ausbildung erforderlich ist.

Auf einen Blick

Voraussetzungen: Kfz mit Anhänger, Spaß an der Arbeit an frischer Luft

Startkapital: 0 bis 1.000 Euro, falls Kfz vorhanden

Gewinn: etwa 10 Euro je Arbeitsstunde, 80 % vom Umsatz

Besonders geeignet für: Handwerker und Hobbygärtner

Besonderheiten: Vorsicht, Handwerksrecht!

Rasenmäher-Wartung

Die Idee: Im Herbst wurde zum letzten Mal der Rasen geschnitten und nun, im Winter, steht der Rasenmäher unbeachtet in einer Garagenecke, im Gerätehaus im Garten oder irgendwo im Keller – und rostet still vor sich hin. Die Messer sind stumpf und haben vielleicht auch einige Scharten davon getragen. Außerdem kleben noch vereinzelte Lehmreste am Grasauswurf.

Dieses traurige Bild sollten Sie dem Gartenbesitzer vor Augen führen, und um wieviel besser es doch wäre, wenn Sie in der Zeit, in der eher Schneeräumer als Rasenmäher gebraucht werden, die Rasenmäher einer gründlichen Durchsicht, Reinigung und Überholung unterziehen würden. Damit können Sie, solange die Tage kurz sind, in Ihrer kleinen Werkstatt einen netten Zusatzverdienst erzielen.

Die Voraussetzungen: Sie verfügen über eine Werkstatt, sind mit Werkzeug gut gerüstet und haben eine Ausbildung als Mechaniker oder Schlosser. Ein Pkw mit Anhänger erleichtert den Transport der Rasenmäher vom und zum Kunden.

Das Angebot: Sie bieten Gartenbesitzern an, zwischen dem letzten Rasenschnitt des Jahres und dem ersten Schnitt im kommenden Jahr das Gartenwerkzeug Ihrer Kunden auf Vordermann zu bringen. Das betrifft alle maschinell betriebenen Geräte wie Rasenmäher, Vertikutierer oder auch Heckenscheren.

So wird's gemacht: Mit Ihrem Kunden vereinbaren Sie einen Zeitpunkt, zu dem Sie bei ihm die Gartengeräte abholen. In Ihrer Werkstatt werden sie zuerst gründlich gereinigt, dann werden sie auf ihre Funktionstauglichkeit überprüft und dann werden die Servicearbeiten durchgeführt. Das beinhaltet das Schleifen der Messer, bei Motormähern die Reinigung von Filtern, den Ölwechsel, die Reinigung der Zündkerzen. Bei elektrischen Geräten wird die Batterie überprüft, falls erforderlich wird destilliertes Wasser nachgefüllt, und die Kontakte werden gereinigt und gefettet. Bei Rasenmähern wird noch die Schnitthöhe eingestellt. Danach wird das Gerät leicht eingeölt, damit für den Rest des Winters der Rost nicht zuschlagen kann. Falls es erforderlich sein sollte Ersatzteile zu besorgen, so werden diese gesondert berechnet. Sauber und funktionsfähig wird das Gartengerät wieder zum Auftraggeber zurückgebracht, und der nächste Mäher kommt auf die Werkbank.

Die Startkosten: Spezialwerkzeug ist für diese Tätigkeit nicht erforderlich, meist kommt man mit dem Werkzeug gut aus, das ohnehin vorhanden ist, wenn ein Mechaniker im Haushalt lebt. Lediglich ein elektrisch betriebener Schleifstein könnte noch fehlen. Für unter 75 Euro erhält man aber schon geeignete Modelle im Handwerkermarkt.

Lohn: Gehen Sie, je Arbeitsstunde, von 12,50 bis 15 Euro aus. Sie können aber auch, je nach Leistungsumfang, Festpreise anbieten, die aber den genannten Stundensatz zur Grundlage haben.

So gewinnen Sie Kunden: Fertigen Sie Werbebriefe an, in denen Sie die Vorteile Ihrer Dienstleistung deutlich herausstellen. Diese werfen Sie bei einem Spaziergang, etwa im Oktober, in die Briefkästen von Gartenbesitzern. Bevorzugte Gegend sind Wohngebiete der gehobenen Klasse mit vielen Einfamilienhäusern. Notieren Sie sich die Namen derjenigen, die Ihren Werbebrief erhalten haben. Die Wahrscheinlichkeit, dass Sie Ihren Terminkalender auf Nachfragen von Kunden hin schon füllen können, ist nicht sehr groß. Deshalb sollten Sie eine Woche nach Ihrer Verteilaktion persönlich oder per Telefon vorsprechen, an den Werbebrief erinnern und noch einmal die Vorteile Ihres Angebots verdeutlichen. Haben Sie schon einen Kunden in dieser Straße gewonnen, so können Sie ihn, natürlich mit dessen Erlaubnis, als Referenz angeben. Das erleichtert den Zugang zu Neukunden enorm. Die Argumente zur Kundengewinnung sind einfach: Werden die Arbeiten nicht durchgeführt, so kann es sein, dass im nächsten Frühjahr das Gerät streikt oder es ungepflegt sehr viel schneller an Funktionstauglichkeit verliert. Ihr Service ist vergleichsweise günstig, und an der schmutzigen Arbeit hätte der Gartenbesitzer vermutlich wenig Spaß, wenn er überhaupt die Zeit dafür findet. Haben Sie erst einmal eine Reihe von Kunden, dann sollten Sie Ihre Kunden um Empfehlungen bitten. Sind sie mit Ihrer Arbeit zufrieden, dann werden sie das gern tun.

Auf einen Blick

Voraussetzungen: technisches Geschick, kleine Werkstatt

Startkapital: 0 bis 150 Euro

Lohn: etwa 12,50 bis 15 Euro je Stunde

Besonders geeignet für: Schlosser, Mechaniker

Spezial-Schreibdienst

Die Idee: Sicherlich haben Sie immer noch die Möglichkeit, Ihre Fingerfertigkeit am Keyboard Ihres Computers unter Beweis zu stellen, wenn Sie einen Schreibdienst anbieten. Allerdings wird nun in dieser Branche die Luft ein wenig dünner, denn diese Art des Zusatzverdienstes ist äußerst beliebt geworden. Weshalb aber sollte man seine speziellen Kenntnisse aus einem fachlichen Bereich nicht mit einem Schreibdienst kombinieren, in dem man einen fachbezogenen Schreibdienst anbietet?

Die Voraussetzungen: Fingerfertigkeit am Computer haben Sie bereits, Sie können auch mühelos mit den gebräuchlichsten Textverarbeitungsprogrammen umgehen. Wenn Sie nun noch die Fachterminologie von verschiedenen Berufen und Branchen beherrschen, dann können Sie einen Spezial-Schreibdienst anbieten.

Das Angebot: Der Spezial-Schreibdienst übernimmt die Schreibarbeiten für besondere Berufsgruppen wie beispielsweise Rechtsanwälte, Notare, Ingenieurbüros, Gutachter der verschiedensten Fachrichtungen, medizinische Einrichtungen. Er bietet die Schreibdienste solchen Kunden an, die eine besondere Fachterminologie verwenden.

So wird's gemacht: Der spezialisierte Schreibdienst erhält am Ende des Arbeitstages von seinen Kunden eine Reihe von Kassetten, auf denen jeweils die per Computer zu erfassenden Schriftsätze diktiert wurden. Sie können den Auftraggebern auch anbieten, die Kassetten selbst abzuholen. Das hat den Vorteil, dass Sie über bestimmte Besonderheiten gleich informiert werden können.

Sie können auch anbieten, Schriftsätze aus verschiedenen Textblöcken zusammenzusetzen, wenn Sie diese in Ihrem Computer abgespeichert haben. Dies kommt häufig bei Standardbriefen vor, beispielsweise für den Kundendienst eines Unternehmens.

Weiterhin können Sie die Abwicklung der Kundenkorrespondenz *selbstständig* erledigen, wenn es sich um Antworten auf regelmäßig wiederkehrende Anfragen handelt. Dann erhalten Sie vom Auftraggeber lediglich die Kundenanfragen ausgehändigt, die Sie dann selbst weiterbearbeiten. Allerdings müssen Sie in diesem Fall mit den Gegebenheiten des Unternehmens gut vertraut sein, idealerweise waren Sie zuvor in diesem Unternehmen fest angestellt.

In Ihrem Büro sind die Briefbögen der jeweiligen Auftraggeber vorhanden, so dass Sie sofort mit der Arbeit beginnen können. Nachdem die Schriftsätze erfasst wurden, lassen Sie die Rechtschreibprüfung des Textverarbeitungsprogramms arbeiten, korrigieren Tippfehler und drucken den Text aus. Sie sollten aber auch den Papierausdruck noch einmal lesen, damit sich bestimmt kein Fehler eingeschlichen hat. Das wäre keine gute Empfehlung.

Sie ordnen die Briefe und Schriftstücke in verschiedene DIN-A4-Umschläge, damit sie den Auftraggebern zur Unterzeichnung zurückgegeben werden können. Schriftstücke, die nicht mehr zur Unterzeichnung zum Auftraggeber zurückgeleitet werden müssen, kuvertieren Sie und bringen sie noch am Abend zur Post. Danach bringen Sie die Schriftsätze zu Ihren Auftraggebern, die dann am nächsten Morgen unterzeichnet werden können.

Die Startkosten: Wenn Sie noch nicht über einen Computer und einen Laserdrucker verfügen, dann müssen Sie mit etwa 1.500 bis 2.000 Euro rechnen. Außerdem benötigen Sie ein Abspielgerät für die Diktierkassetten, wenn Ihr Auftraggeber es nicht bereitstellt. Hier müssen Sie für ein Gerät, das sowohl Mini- als auch Microkassetten abspielen kann, mit 400 Euro rechnen. Soweit die Grundausstattung.

Empfehlenswert ist ein Fax für Normalpapier (350 Euro), ein Fotokopierer (Kleinkopierer für 1.000 Euro), eventuell ein Scanner (300 Euro) und ein Modem für den Internet-Zugang, um auch per E-Mail erreichbar zu sein.

Lohn: Weil dieser spezialisierte Schreibdienst sich in seinen Möglichkeiten und den Ansprüchen, die an ihn gestellt werden, deutlich von anderen Schreibdiensten abhebt, darf er sich auch in der Preisgestaltung unterscheiden. Die Berechnung kann über die Anzahl der Zeichen getätigt werden. Das ist für Sie mühelos, denn das Textverarbeitungsprogramm verfügt in der Regel über eine Zählfunktion. Je 1.000 Zeichen berechnen Sie zwischen 1,50 Euro und 1,75 Euro. Rechnen Sie über Seiten ab, dann liegt der Preis pro Seite bei etwa 3,50 Euro. Ihr Stundenhonorar sollte bei 17,50 bis 20 Euro liegen.

So gewinnen Sie Kunden: Hier sollten Sie Ihre Beziehungen spielen lassen. Sprechen Sie Ihren früheren Chef an, machen Sie Ihrem jetzigen Chef den Vorschlag, dass Sie Schreibarbeiten mit nach Hause nehmen könnten. Schreiben Sie Unternehmen und Freiberufler an, deren Sprache Sie sprechen.

Tipp: Achten Sie bei der Preisgestaltung darauf, dass Sie sich nicht in einen ruinösen Dumping-Contest einlassen. Niedrige Preise bringen zwar viele Kunden, aber nur geringen Verdienst.

Auf einen Blick

Voraussetzungen: Fachterminologie, Rechtschreibsicherheit

Startkapital: 0 bis 2.000 Euro

Lohn: ca. 17,50 bis 20 Euro/Stunde

Besonders geeignet für: Bürokräfte mit besonderen Fachkenntnissen

---

Seniorenanimation

Die Idee: Senioren sind eine immer größer werdende Gruppe innerhalb der Bevölkerung. Verbesserte ärztliche Versorgung, gesündere Lebensführung tragen zu einem längeren Lebensabend bei. Und so liegt nun die durchschnittliche Lebenserwartung bei den Männern bei 72 Jahren, bei den Frauen sind es 79 Jahre. Und die Zeit nach dem Eintritt in den wohlverdienten Ruhestand wollen die Senioren von heute nicht im stillen Kämmerlein verbringen. Ganz im Gegenteil, Action ist angesagt. Die rüstigen Senioren sind gern bereit, an Tanzabenden teilzunehmen, bei Wanderungen mitzumachen, den Körper weiterhin mit Gymnastik und Yoga fit zu halten, wenn, ja wenn sie Gelegenheit dazu haben. Als Seniorenanimateur können Sie dazu beitragen, dass der Alltag der Senioren bunter wird, und außerdem kann Ihnen das einen netten Nebenverdienst einbringen.

Die Voraussetzungen: Sie sind kontaktfreudig, immer gut aufgelegt, haben Ideen ohne Ende und sind bereit, täglich ein paar Stunden lang mit Senioren die Freizeit zu gestalten.

Das Angebot: Sie bieten Kirchengemeinden, Altenheimen und kommunalen Einrichtungen an, in deren Räumen Senioren und Seniorinnen den Alltag interessanter und abwechslungsreicher zu gestalten.

So wird's gemacht: Sie haben schon Erfahrungen mit Senioren gesammelt und kennen deren Wünsche sehr genau. Nein, es ist nicht immer Basteln und Schach spielen. Senioren haben oft sehr bewegungsfreudige Bedürfnisse, die in den meisten Seniorenwohnheimen nicht angeboten werden und auch von kirchlichen Einrichtungen nicht erkannt werden.

Sie schlagen den Leitern der Einrichtungen vor, einen Senioren-Freizeit-Club zu gründen, und Sie werden als Animateur den Clubmitgliedern Möglichkeiten verschaffen, ihren Interessen nachzugehen.

Auf der Gründungssitzung stellen Sie sich den angehenden Clubmitgliedern vor, erzählen von Ihren Plänen und ermuntern die Senioren und Seniorinnen, ganz einfach zu erzählen, wo denn der Schuh drückt.

Entsprechend den Wünschen der Teilnehmer dieser ersten Sitzung erstellen Sie ein Programm und legen es dem Leiter der Einrichtung vor. Die Chancen stehen gut, dass Sie für zwei bis drei Nachmittage in der Woche engagiert werden, da die Seniorenheime einerseits selten kompetentes Personal zur Verfügung haben, andererseits die Konkurrenz der Seniorenheime dazu zwingt, nicht nur komfortable Unterbringung und gute Verköstigung zu bieten. Ein gut geleiteter Seniorenclub kann viel zum positiven Image einer Einrichtung beitragen und kann auch in Hausprospekten werbewirksam herausgestellt werden.

In großen Bibliotheken und im Buchhandel finden Sie reichhaltige Fachliteratur, die Ihnen bei der Programmgestaltung behilflich sein kann.

Sind Seniorenheime oder kirchliche Einrichtungen nicht bereit, die Kosten für Ihr Honorar zu übernehmen, so können Sie auch vorschlagen, man solle Ihnen Räumlichkeiten für einige Nachmittage in der Woche kostenfrei überlassen, und Sie verlangen von den Clubmitgliedern einen bescheidenen monatlichen Clubbeitrag.

Es würde zu weit führen, an dieser Stelle auf mögliche Programmgestaltungen einzugehen. Nur sollten Sie keinesfalls vergessen, eine Sprechstunde einzurichten, in der die Clubmitglieder von Ihnen Rat in allen Situationen, in denen sie nicht weiterwissen und Ihre aktive Hilfe einholen können.

Die Startkosten: Startkosten fallen nicht an, wenn man von Fachliteratur absieht, die man allerdings auch in großen Bibliotheken einsehen kann.

Lohn: Kalkulieren Sie so, dass Sie nach Steuern auf ein Stundenhonorar von 12,50 bis 15 Euro kommen. Gründen Sie Ihren eigenen „Club", so bedeuten 10 Euro Mitgliedsbeitrag bei 100 Mitgliedern 1.000 Euro, von denen nach Abzug der Kosten 700 Euro als Gewinn verbleiben. Entsprechend stehen Sie den Seniorinnen und Senioren dreimal wöchentlich drei Stunden lang zur Verfügung. Je nachdem, wie Sie die Clubnachmittage verteilen, können Sie auch noch einen zweiten Club betreuen.

So gewinnen Sie Kunden: Kunden sind zunächst die Leiter der Senioreneinrichtungen. Die müssen Sie persönlich vom Nutzen Ihres Vorhabens überzeugen. Schreiben Sie die Leiter an, beschreiben Sie Ihr Projekt kurz und bitten um einen Termin, an dem Sie Ihr Vorhaben ausführlich darstellen können.

Erhalten Sie die Gelegenheit, die Räume einer Senioreneinrichtung kostenfrei zu nutzen, so werden Ihnen die Leiter der Einrichtungen auch bei der Mitgliederwerbung behilflich sein. Das können Anschläge am „Schwarzen Brett" im Altenheim sein oder aber auch Hinweise auf Ihren Club im Rahmen der kirchlichen Ankündigungen.

Auf einen Blick

Voraussetzungen: Phantasie, Kreativität, viel gute Laune

Startkapital: keines

Lohn: ca. 12,50 bis 15 Euro/Stunde

Besonders geeignet für: Erzieher/innen, Lehrer/innen

Seniorenbetreuung

Die Idee: Über 15 % der deutschen Bevölkerung sind älter als 65 Jahre, die Lebenserwartung der Senioren steigt. Männer können heute im Durchschnitt 72 Jahre alt und Frauen dürfen durchschnittlich 79 Lebensjahre erwarten. Diese Zahlen bereiten den Rentenversicherungsträgern große Sorgen, ermöglichen Ihnen aber einen Nebenverdienst, wenn Sie sich der Seniorenbetreuung widmen wollen.

Die Voraussetzungen: Die besten Chancen haben Sie als Frau, weil Senioren und Seniorinnen ängstlich werden und zu Frauen eher Vertrauen fassen als zu Männern. Als Seniorenbetreuerin benötigen Sie viel Geduld und Einfühlungsvermögen. Sie kennen die Probleme älterer Mitbürger und sind in der Lage, Ihren „Schützlingen" viele Sorgen abzunehmen. Deshalb ist diese Aufgabe für Schülerinnen ungeeignet, denn „jungem Gemüse" wollen die Senioren ihr Herz nicht ausschütten, wenn es denn einmal überläuft.

Das Angebot: Sie bieten Ihren Kunden weder Altenpflege noch Krankenpflege. Dafür gibt es ausgebildete Fachkräfte. Sie bieten Senioren und Seniorinnen an, einfach für sie da zu sein: Sie unterhalten sich mit ihnen, gehen mit ihnen spazieren, besuchen mit ihnen Konzerte, Theateraufführungen, machen mit ihnen in Ihrem Pkw Ausflüge, erledigen Behördengänge, füllen Anträge, Überweisungen und dergleichen aus und halten den Kontakt zur Verwandtschaft. Sie holen Senioren und Seniorinnen aus ihrer Einsamkeit, häufig aus der Isolation, heraus.

So wird's gemacht: Sie kommen, je nach Vereinbarung und Erfordernis, täglich oder mehrmals wöchentlich ins Haus. Wahrscheinlich werden Sie schon sehnlichst erwartet, denn Sie stehen nun im Lebensmittelpunkt der alleinstehenden Senioren. Sie sind der Ansprechpartner für alle großen und kleinen Sorgen und Probleme. Die Senioren hatten fast einen ganzen Tag lang Zeit über verschiedene Dinge nachzudenken und wollen das auch mitteilen. Nehmen Sie sich Zeit und besprechen Sie bei einer Tasse Kaffee alles, was so anliegt. Natürlich unterhalten Sie sich auch darüber, was an diesem Tag erledigt und in den den nächsten Tagen unternommen werden soll.

Danach erledigen Sie, vielleicht zusammen mit Ihrem „Schützling", die Einkäufe und begleiten ihn zum Arzt. Wenn es so vereinbart ist, bereiten Sie auch das Mittagessen zu und das Abendessen vor. Sie reinigen vielleicht auch die Wohnung, und dann verabschieden Sie sich bis zum nächsten Mal.

Die Startkosten: Startkosten fallen bei diesem Nebenverdienst nicht an, denn wahrscheinlich haben Sie einen Pkw zur Verfügung. Auch ein Telefon mit Anrufbeantworter ist schon vorhanden. Wenn nicht, so sind diese Geräte mit einem schnurlosen Mobilteil für etwa 200 Euro erhältlich. Sinnvoll ist auch ein Handy, damit Sie jederzeit erreichbar sind, wenn es besondere Zwischenfälle geben sollte. Ihre Telefonnummern haben die von Ihnen betreuten Senioren neben ihrem Telefon liegen, möglichst groß und deutlich geschrieben, damit sie auch ohne Brille zu lesen sind. Lassen Sie sich allerdings nur dann anrufen, wenn wirklich ein Notfall vorliegt. Andernfalls würde die Betreuung anderer Senioren leiden, oder Sie hätten nie Ruhe. Senioren neigen dazu, ihre akuten Bedürfnisse in ihrer Bedeutung zu überschätzen.

Lohn: Sie sind wichtig für die Senioren, und die Zeit, die Sie zur Verfügung stellen, ist wertvoll. Dennoch sollte Ihr Stundenhonorar nicht über 10 Euro liegen, weil viele Senioren sich nicht mehr leisten können und sie sich schon bald nach preisgünstigerem Ersatz umsehen würden. Die Kosten für Ihren Pkw, wenn Sie einen Ausflug machen, setzen Sie mit auf die Rechnung. Auch den Eintritt ins Kino, Theater oder Konzert übernimmt der Kunde für Sie.

So gewinnen Sie Kunden: Die Kundengewinnung ist in diesem Fall nicht besonders schwierig. Sehen Sie samstags in den Kleinanzeigen in der Lokalpresse oder in den Anzeigenblättern nach. Sie werden schon nach kurzer Zeit fündig werden.

Tipp: Halten Sie engen Kontakt zu den Verwandten der von Ihnen betreuten Personen. Söhne und Töchter sind Ihre Ansprechpartner, und die sollen Vertrauen zu Ihnen haben.

Telefonkontakter/in

Denn schließlich müssen Sie zuweilen auch Entscheidungen für die von Ihnen betreuten Personen fällen oder diese zumindest beraten.

Auf einen Blick

Voraussetzungen: Geduld, Menschenkenntnis und Einfühlungsvermögen, Führerschein und Pkw

Startkapital: keines, evtl. 50 Euro für Telefonanlage

Lohn: ca. 10 Euro je Stunde

Besonders geeignet für: Hausfrauen

Telefonkontakter/in

Die Idee: Viele Unternehmen schicken Ihre Vertreter und Repräsentanten zu Kunden, um besondere Angebote zu präsentieren. Damit die Erfolgsquote bei solchen "kalten" Besuchen verbessert wird und der Besuchte nicht unvorbereitet ist, werden sogenannte Telefonkontakter eingesetzt, die telefonisch die Besuche vorbereiten. Hier kann ein netter Zusatzverdienst von zu Hause aus erzielt werden.

Die Voraussetzungen: Sie haben eine angenehme Telefonstimme, verfügen über Verhandlungsgeschick und gute Umgangsformen. Sie haben täglich mehrere Stunden Zeit, um potentielle Kunden des Auftraggebers anzurufen und Vertreterbesuche vorzubereiten.

Das Angebot: Sie stellen Ihrem Auftraggeber Ihre Zeit und Ihr Verhandlungsgeschick zur Verfügung, damit die Repräsentanten und Vertreter des Auftraggebers ohne große Zeitverluste das Angebot des Auftraggebers präsentieren können.

So wird's gemacht: Ihr Auftraggeber stellt Ihnen ein Telefonskript zur Verfügung und einen Bezirk, innerhalb dessen Sie aus dem Branchentelefonbuch Ihnen geeignet erscheinende Unternehmen oder Freiberufler aussuchen. Diese rufen Sie an, stellen sich vor und geben eine Kurzbeschreibung des Angebots. Dabei sollten Sie schnell herausfinden (heraushören), ob eine grundsätzliche Bereitschaft besteht, einen Besuch eines Vertreters zu akzeptieren.

Hierbei gehen Sie nicht in Einzelheiten, geben keine präzisen Auskünfte, denn das ist später die Sache des Repräsentanten. Ihre Aufgabe ist es, den Besuch des Vertreters anzukündigen, gegebenenfalls einen Termin für den Besuch zu vereinbaren. Meist wird der Vertreter selbst noch einmal bei Ihrem Kontakt anrufen und einen genauen Termin mit Ihnen ausmachen. Sie notieren die wesentlichen Angaben wie Telefonnummer, Adresse und Ansprechpartner auf einem Formblatt und fügen die Telefoneinheiten hinzu. Am Ende Ihres Arbeitstages übermitteln Sie Ihre Ergebnisse per Fax an den Auftraggeber.

Die Startkosten: Startkosten entstehen bei diesem Zusatzverdienst nicht, wenn Sie ein Telefax und ein Telefon mit Gebührenzähler zur Verfügung haben. Gebührenzähler vermietet die Telekom, und ein kombiniertes Telefon-Telefax-Gerät können Sie für unter 250 Euro erstehen.

Der Gewinn: In der Regel werden Sie je verabredetem Termin bezahlt. Das differiert je nach Schwierigkeit und liegt meist bei 12,50 bis 17,50 Euro. Einige Auftraggeber beteiligen Sie am Verhandlungserfolg des Repräsentanten mit weiteren Prämien bis zu 25 Euro.

So gewinnen Sie Kunden: Sie können zwar Ihre Bereitschaft als Telefonkontakter zu arbeiten mit einer Suchanzeige in der Tagespresse signalisieren, doch ist das oft nicht notwendig, denn zumeist werden Sie gesucht. Sie rufen bei den Inserenten an und werden akzeptiert, wenn Sie den Kriterien entsprechen, oder nicht. Dann sollten Sie nicht aufgeben, sondern auf das nächste Inserat antworten. In der Regel bereiten Sie Termine für Finanzdienstleister oder Versicherungsberatungen vor.

Auf einen Blick

Voraussetzungen: freundliche Telefonstimme, gute Umgangsformen

Startkapital: keines

Gewinn: ca. 7,50 bis 15 Euro je vereinbarter Termin, eventuell Prämie

Besonders geeignet für: Hausfrauen, Student/innen

Uhren herstellen

Die Idee: Eine Uhr ist nicht nur ein Gebrauchsgegenstand, denn dann hätte jeder Mensch nur eine Armbanduhr. Mehr benötigt er nicht, um jederzeit zu wissen, was die Stunde schlägt. Nein, Uhren, insbesondere Wanduhren, sollten durchaus auch ein Schmuck für die Wohnung sein. Wäre sonst die Schwarzwälder Kuckucksuhr ein derartiger Welterfolg? Sicher hat auch ein gewisses Maß an Originalität zum Erfolg beigetragen. Nachdem es nun sehr einfach geworden ist, Uhren selbst herzustellen, können Sie dazu beitragen, dass manche Geschmacksverirrung von der Wand genommen wird und statt dessen eine Uhr aus Ihrer Werkstatt diesen Platz einnimmt. Selbstverständlich können Sie mit dieser Tätigkeit einen guten Zusatzverdienst erzielen.

Uhren herstellen

Die Voraussetzungen: Die Entwicklung der Technik hat es überflüssig gemacht, dass Sie Uhrmacher sein müssen, um Wand- oder Tischuhren herzustellen. Kreativität und Phantasie sind gefragt. Natürlich auch Verkaufstalent, denn Sie wollen die Uhren ja verkaufen.

Das Angebot: Sie bieten Ihren Kunden, ganz gleich ob Wiederverkäufer oder Endverbraucher, Uhren-Unikate an, deren Zifferblätter Sie selbst gestalten. Dies können Wanduhren aber auch Tischuhren sein.

So wird's gemacht: Das Wichtigste an Ihrer Arbeit ist nicht die Montage der Uhren, sondern es ist der Entwurf möglichst origineller oder geschmackvoller Zifferblätter. Dafür können Sie Teller bemalen, Schieferplatten in der richtigen Größe nutzen, Abbildungen auf Folie drucken oder kopieren und diese auf Glasscheiben aufbringen. Wichtig ist nur, dass an geeigneter Stelle des Objekts, meist in der Mitte, eine Bohrung angebracht werden kann, durch die Sie die Zeigerführung des Uhrwerks stecken, das an der Rückseite des Objekts befestigt wird. Von vorn werden dann nur noch die Zeiger aufgesteckt, eine Batterie wird ins Laufwerk gelegt, und dann arbeitet das Quarzwerk sekundengenau, bis die Batterie ihren Geist aufgibt. Lediglich ein Haken zur Wandbefestigung oder ein Gestell aus Stahldraht muss noch angebracht werden, wenn die Uhr beispielsweise den Schreibtisch schmücken soll.

Weil die Gestaltung des Zifferblattes so wichtig für Ihren Erfolg ist, sollten Sie sich für die Entwürfe viel Mühe geben, sorgsam auswählen, auch Freunde und Bekannte nach deren Meinung fragen und auf deren Anregungen hören. Denken Sie an außergewöhnliche Gestaltungen, die nicht in jedem Kaufhaus wiederzufinden sind. Hier noch einige Anregungen zur Gestaltung:

✓ Eine dünne Schieferplatte wird geölt und poliert, damit sie schön schwarz glänzt. Für 12 Uhr, 3 Uhr, 6 Uhr und 9 Uhr werden kleine metallene Köpfe mit Hartkleber befestigt, um die Orientierung zu erleichtern. Ähnlich können Sie auch mit weißem Marmor vorgehen.
✓ Besorgen Sie sich preisgünstig Porzellan- oder Keramikteller, die Sie ganz individuell mit Bauernmalerei verzieren. Die Stundenziffern können in diesem Fall auf den Tellerrand gemalt werden.
✓ Auf etwa 5 Millimeter starke Plexiglasscheiben ziehen Sie Plastikfolie auf, nachdem Sie zuvor ein originelles Motiv aufkopiert haben. Bei solchen Motiven entfällt das Aufbringen von Ziffern. Manchmal reicht es durchaus, nur ungefähr zu wissen, wie spät es ist.

✓ Etwas rustikaler wirken dünne Baumscheiben, die Sie zuvor mit Brandmalerei bearbeitet und mit Klarlack überzogen haben.
✓ Besonders attraktiv wirken große, antike bemalte Kacheln. Wenn Sie die nicht auftreiben können, dann sollten auch entsprechende Repliken ausreichen. Besuchen Sie doch mal einen Fliesenhändler in der Nähe.

Die Startkosten: Die Startkosten sind sehr gering, denn eigentlich benötigen Sie nicht mehr Werkzeug, als Sie wahrscheinlich ohnehin zu Hause haben. Hinzu kommen die ersten Uhrwerke, um Ihre Präsentationsmodelle zu fertigen (Bezugsquellen können im Nachschlagewerk *Wer liefert was?*, einsehbar bei der IHK oder in großen Bibliotheken, nachgesehen werden). Kosten unter 5 Euro je Uhr, inkl. Batterie.

Der Gewinn: Der Gewinn hängt natürlich davon ab, wie attraktiv das Zifferblatt gestaltet wurde. Bei einem Materialeinsatz von 6 bis 7,50 Euro können Sie Verkaufspreise ab 20 Euro erzielen.

So gewinnen Sie Kunden: Abnehmer der von Ihnen gestalteten Uhren sind beispielsweise Geschenkboutiquen, Einrichtungshäuser, bei entsprechenden Motiven auch der Souvenirhandel. Auf Privatkunden treffen Sie, wenn Sie mit Ihren Uhren Wochenendmärkte beschicken.

Tipp: Auf alle Fälle ist es einen Versuch wert, die Uhren im Versandhandel anzubieten. Schalten Sie 2-Step-Anzeigen, bei denen der Interessent bei Ihnen einen Katalog bestellt und dann die Uhr gegen Vorkasse oder per Nachnahme bezahlt.

Auf einen Blick

Voraussetzungen: Kreativität

Startkapital: unter 100 Euro

Gewinn: 50 bis 60 % vom Umsatz vor Steuern

Besonders geeignet für: Bastler und Künstler

Verlag/Kleinverlag

Die Idee: Obgleich jedes Jahr zahllose neue Bücher auf den Markt kommen, die Ausstellungsflächen für Zeitschriften im Handel immer größer werden, gibt es immer noch Nischen, in denen Kleinverleger kleines oder gar großes Geld machen können.

Verlag/Kleinverlag

Die Voraussetzungen: Sie haben kaufmännische Grundkenntnisse, verfügen über einen Computer mit Textprogramm und kennen sich ein wenig im Verlagsgeschäft aus. Kontaktfreude ist Ihre starke Seite.

Das Angebot: Als Kleinverleger konzentrieren Sie sich auf regional begrenzte Themen oder auf Themen mit nur zahlenmäßig begrenzter Zielgruppe. Das könnte beispielsweise ein Universitätsführer für Erstsemester sein, der neben den Themen, die besonders den universitären Bereich ansprechen, den Neuankömmlingen in der Universitätsstadt die Besonderheiten der neuen Heimat darstellt. Möglichkeiten der Freizeitgestaltung, Kneipen, nett essen gehen, die günstigsten Einkaufsmöglichkeiten, und, und, und ...

Wie ist es um die medizinische Versorgung einer Region bestellt? In diesem Buch führen Sie alle medizinischen Einrichtungen auf, Krankenhäuser mit Fachabteilungen, die Augenärzte und die Optiker, die Allgemeinärzte, die Orthopäden und die Sanitätshäuser, die Physiotherapeuten, die Apotheken, und den Kalender für den Apothekennotdienst.

Wie steht es um die Freizeitgestaltung in einer bestimmten Region? Theater mit Spielplan, Kinos, Konzertsäle, Freizeitparks mit Öffnungszeiten, Museen, Kunstsammlungen, Ausstellungen, Sportvereine mit den verschiedenen Abteilungen, Kegelbahnen, Sehenswürdigkeiten, Wander- und Radwanderrouten, Ausflugsziele, besonders empfehlenswerte Restaurants, gemütliche Kneipen, und, und, und... Der Phantasie sind bei der Themenauswahl kaum Grenzen gesetzt.

So wird's gemacht: Haben Sie Ihr Thema gefunden, so tragen Sie alle Informationen zusammen, legen Mappen mit den Unterlagen an und telefonieren dort nach, wo Sie noch Informationen benötigen. Bei all diesen Angaben kommt es auf gründliche Recherche an, die Adressen, Ansprechpartner, Telefonnummern, Eintrittspreise müssen stimmen. Haben Sie den redaktionellen Teil fertiggestellt, dann geht es ans Geld verdienen, denn Ihr Gewinn liegt nur zum Teil im Verkauf des fertigen Werks, sondern im Verkauf von Anzeigen, die Sie in Ihrem Informationsbuch veröffentlichen. Je nach Thema suchen Sie nun die Geschäfte, Einrichtungen und Unternehmen auf, die mit Ihrem Thema zu tun haben. Wenn Sie beispielsweise eine Wanderroute beschreiben, dann können Sie einem Restaurant, das an dieser Route liegt, eine Werbeseite anbieten.

Die Preisgestaltung für die Anzeige hängt von der Auflagenhöhe ab. Seitenpreise zwischen 200 Euro für Schwarz-Weiß-Anzeigen und 600 Euro für Vierfarbseiten können Sie bei hoher Auflage und dichter Verbreitung erzielen.

Haben Sie den geplanten Umfang erreicht, so überarbeiten Sie alles, fertigen einen Klebeumbruch an und machen sich auf den Weg zum Drucker. Mit ihm besprechen Sie das endgültige Format, ob es ein Paperback oder ein Hardcover werden soll und auch, wer den Satz und das Binden übernehmen soll. Nicht zu vergessen, Sie besprechen mit ihm die Kosten, die auf Sie zukommen werden, denn das beeinflusst ja auch den Verkaufspreis des Werkes. Die Dateien aus Ihrem Computer und die Anzeigenvorlagen gehen an den Setzer, der alles setzt und verfilmt. Die Satzfahnen lassen Sie korrigieren, und besonders die Anzeigen legen Sie den Inserenten zur Freigabe vor. Sie haben sich inzwischen längst um den Vertrieb gekümmert, kennen die Abnahmezahlen des Buchhandels, der Kioske und anderer Verkaufsstellen und können dem Drucker die endgültige Auflagenhöhe durchgeben.

Die Startkosten: Zum Start genügen Computer, Fax, Telefon und eine ruhige Ecke in Ihrer Wohnung.

Der Gewinn: Ihr Gewinn ist abhängig davon, ob Sie in dem Buch Anzeigen abdrucken. Ohne Anzeigen können Sie von einem Gewinn von bis zu 15 % vom Ladenpreis ausgehen. Erlöse aus Anzeigen lassen den Gewinn auf etwa 30 % vom Ladenpreis steigen.

So gewinnen Sie Kunden: Ihre Kunden sind Wiederverkäufer wie Buchhandlungen, Kioske, Fremdenverkehrsamt, die Unternehmen, die im Buch mit Anzeigen geworben haben. Dort müssen Sie – am besten mit der Null-Nummer – vorsprechen, wenn Sie die Anzeigen verkaufen und können bei dieser Gelegenheit auch gleich eine Bestellung aufnehmen.

Auf einen Blick

Voraussetzungen: kaufmännische Kenntnisse, journalistische Erfahrung

Startkapital: ca. 1.500 Euro

Gewinn: ab 15 % vom Umsatz

Besonders geeignet für: Journalisten, Studenten

Besonderheiten: Gewerbeanmeldung

Tipp: Sie melden den Verlag als Gewerbe an, lassen Ihren Titel schützen und sich von der Deutschen Bibliothek einen CIP-Code vergeben. Ihr Verlag bekommt eine eigene Nummer, die Bestandteil der ISBN-Nummer wird.

Versandhandel

Die Idee: Nicht alle Artikel, die man so benötigt, bekommt man im nächsten Supermarkt. Der Weg in die Stadt ist weit, und so kaufen heute immer mehr Menschen über den Versandhandel. Jährlich werden in Deutschland einige neue Versandhandelsunter-

Versandhandel

nehmen gegründet. Wie viele wie lange durchhalten, hängt wesentlich vom Angebot ab. Je mehr sich ein Versandhandel spezialisiert, um so genauer kann er die Zielgruppe erreichen und um so besser kann er sie ansprechen. Wahrscheinlich werden deshalb so viele Versandhandels-unternehmen gegründet, weil der Einstieg relativ leicht ist. Vielleicht sollten auch Sie den Einstieg wagen, wenn Sie über ein interessantes Sortiment Bescheid wissen und sich darin auch gut auskennen.

Die Voraussetzungen: Als Versandhändler müssen Sie gut organisieren und gute Werbetexte schreiben können. Ihr Standort spielt keine große Rolle, denn ein Postamt, wo Sie die Pakete aufgeben können, oder ein Paketdienst, der die Pakete gar bei Ihnen abholt, ist immer in der Nähe. Allerdings sollten Sie, je nach Art und Größe der Produkte, die Sie versenden, einen geeigneten Lagerraum zur Verfügung haben. Außerdem sollte im Lager auch noch ein Packtisch Platz finden und eine Ecke, in der Sie die Kartonagen aufbewahren.

Das Angebot: Das Warenangebot, das über den Versandhandel vertrieben wird, ist fast unüberschaubar groß. Blättern Sie nur einmal den Katalog eines Versandhandelsriesen wie Quelle oder Otto durch. Ihr Ziel wird es allerdings nicht sein, ein möglichst breites Sortiment zu führen, sondern Sie werden eher ein schmales Segment bedienen, auf dem Sie durch die Tiefe des Sortiments beeindrucken können, was Sie dann zu einem Spezialversender macht.

Worauf Sie sich spezialisieren hängt von der Marktnische ab, die Sie entdecken und den günstigen Einkaufsmöglichkeiten, die Ihnen zur Verfügung stehen. Wohnen Sie beispielsweise in Idar-Oberstein, so bietet sich ein Versandhandel für Edelsteine oder Halbedelsteine geradezu an. „Edelsteine aus Idar-Oberstein" wäre die Headline Ihrer Kleinanzeige. In diesem Fall wäre allein schon Ihre Adresse ein Stück Werbung. Sie können aber auch Lebensmittel wie geräucherte Wurst, Schinken oder Fisch versenden. Und nichts spricht dagegen, dass Sie sich auf Dartpfeile und Zubehör für diesen Sport spezialisieren. Wichtig ist nur, dass Sie sich auf ein enges Sortiment spezialisieren und es in diesem Bereich nicht allzu viel Konkurrenz gibt. Allerdings: Ihr Erfolg steht und fällt mit der Qualität und dem Preis Ihres Sortiments.

So wird's gemacht: Haben Sie Ihr Sortiment gefunden, so kümmern Sie sich um günstige Bezugsquellen. Im Nachschlagewerk *Wer liefert was?* (einzusehen bei der IHK oder in großen Bibliotheken) finden Sie Hersteller und Lieferanten. Die finden Sie aber auch bei den Außenwirtschaftskammern der verschiedenen Länder. Gerade aus dem asiatischen Wirtschaftsraum werden viele Artikel importiert.

Der nächste Schritt ist die Werbung. Wählen Sie die Anzeigenwerbung, dann müssen Sie herausfinden, welche Zeitungen und Zeitschriften Ihre Zielgruppe liest. Inzwischen gibt es für fast jeden Lebens- und Hobbybereich mindestens eine Fachzeitschrift. Sehen

Versandhandel

Sie doch einmal die Zeitschriften durch, die Sie abonniert haben oder die Sie am Kiosk kaufen. Darin finden Sie auch Anzeigenmuster. Verändern Sie die Anzeigen, die Ihnen zuerst auffallen so, dass sie zu Ihrem Sortiment passen. Danach suchen Sie die Zeitschriften aus, in denen Sie Anzeigen schalten wollen und lassen sich von den Anzeigenabteilungen die Mediadaten zuschicken. Darin erfahren Sie alles über Preise und Rabatte, wenn Sie Ihre Anzeige regelmäßig schalten. Bei 1-Step-Anzeigen bestellen die Kunden gleich auf die Anzeige hin, bei 2-Step-Anzeigen fordern sie zunächst einen Katalog und Informationsmaterial bei Ihnen an und bestellen dann erst (gegen Vorkasse per Verrechnungsscheck oder gegen Nachnahme).

Ein anderer Weg ist der Versand von Mailings, also von Werbebriefen, in denen Sie Ihr Angebot vorstellen und eine Bestellkarte beilegen. Bei der Adressenauswahl helfen Ihnen spezialisierte Adressenverlage und Listbroker. Besorgen Sie sich Fachliteratur zu diesen beiden Bereichen, denn wenn Sie nicht richtig werben, dann werden Sie schnell vom Versandhandelsmarkt verschwunden sein.

Die Startkosten: Die Startkosten hängen wesentlich vom Werbeaufwand ab. Das Warenlager selbst kann anfangs noch sehr klein sein. Außerdem brauchen Sie einen Computer mit einem Datenbankprogramm und einen Laserdrucker (ca. 1.750 bis 2,500 Euro).

Der Gewinn: Da die Werbekosten einen großen Teil des Erlöses beanspruchen, sollten Sie von 15 bis 20 % Gewinn vom Umsatz ausgehen.

So gewinnen Sie Kunden: Ausschließlich über Mailings oder Anzeigen.

Auf einen Blick

Voraussetzungen: Organisationstalent

Startkapital: ab 2.500 Euro

Gewinn: ca. 15 bis 20 % vom Umsatz

Besonderheiten: Gewerbeanmeldung

Tipp: Legen Sie sich eine Datenbank an, in der Sie Ihre Kunden verwalten. Diesen können Sie später auch Werbebriefe mit Sonderangeboten zuschicken. Ihre eigenen Kundenadressen können Sie den Adressverlagen auch zur Miete anbieten.

Wanderrouten entwerfen

Die Idee: In Deutschland rollt die Fitnesswelle. Joggen, Skaten, Mountainbiking oder Fitness-Studio und dergleichen sind aber nicht unbedingt für ältere Herrschaften geeignet, die lieber spazierengehen oder wandern. Wanderungen am Wohnort werden bald eintönig und langweilig, wenn man die Strecke schon mehrmals gegangen ist. Zwar gibt es an den Fremdenverkehrsbüros viel besuchter Urlaubsorte schon Wandervorschläge, doch sind diese oft sehr kurz gefasst und informieren den Wanderer nicht über das, was er auf seiner Wanderung sehen kann. Außerdem gibt es für viele Regionen überhaupt keine Wandervorschläge. Hier können Sie auf Schusters Rappen einen netten Nebenverdienst erzielen, wenn Sie Wanderrouten entwerfen und dokumentieren.

Die Voraussetzungen: Sie wandern gern, können gut formulieren und die von Ihnen ausgesuchten Routen auch zu Papier bringen. Um Ihre Wandervorschläge in größeren Stückzahlen zu veröffentlichen, suchen Sie den Rat von Druckereien.

Das Angebot: Sie erstellen Wanderrouten mit genauen Wegbeschreibungen, Kartenausschnitten und vermitteln dem Wanderer alle wichtigen Informationen über das, was er an der Wanderstrecke sehen und erleben kann. Sie beschreiben die an der Strecke liegenden Bauwerke, informieren über geschichtliche Fakten und geben Hinweise auf besonders schöne Ausblicke. Der Wanderführer enthält auch ein Streckenprofil, an dem der Wanderer erkennen kann, welche körperlichen Beanspruchungen auf ihn zukommen. Sie vervielfältigen Ihre Wanderführer, in dem Sie entweder nur eine Route beschreiben oder mehrere Wanderungen zusammenstellen, und bieten Sie bei Kommunen, Fremdenverkehrsämtern, Hotels und Gasthöfen, aber auch bei Verlagen zum Verkauf an.

So wird's gemacht: Am Anfang steht die Recherche. In Buchhandlungen versuchen Sie herauszufinden, wo es noch „weiße Flecken" bei den Wanderführern gibt. Es macht schließlich keinen Sinn, den siebzehnten Wanderführer rund um den Starnberger See zu verfassen.

Haben Sie Regionen gefunden, die Ihnen unterversorgt erscheinen, kommt die nächste Recherche. Was macht diese Region zu einem idealen Wandergebiet? Ist die Landschaft besonders schön, bietet sie Sehenswürdigkeiten, liegen in dieser Region Touristikzentren oder große Hotels? Hotelführer und Bibliotheken können Ihnen die erforderlichen Informationen bereitstellen.

Haben Sie ein geeignetes Gebiet ausgemacht, so packen Sie Ihren Koffer, Ihren Rucksack und die Wanderstiefel und begeben sich an den „Tatort". Sind Sie in einem Hotel oder in einem Gasthof untergekommen, so ist Ihr erster Weg der zur örtlichen Buchhandlung, in der Sie eine Wanderkarte erwerben. Der zweite Weg führt zum Fremdenverkehrsbüro, wenn vorhanden, um genau herauszufinden, welche Publikationen bereits angeboten werden. Alternativ gehen Sie zum Rathaus und fragen dort, ob es für die Region Wanderführer gibt, und gegebenenfalls kaufen Sie diese, wenn sie nicht kostenfrei abgegeben werden.

Den ersten Abend verbringen Sie mit dem Studium der Karten und anderen Informationsmaterials. Wahrscheinlich sind in der Karte schon Rundwanderwege angegeben. Scheuen Sie sich aber nicht, andere Routen zu notieren, wenn Sie schon auf der Karte reizvolle Aussichtspunkte oder Sehenswürdigkeiten entdecken können.

Am nächsten Morgen machen Sie sich auf den Weg. Einen Fotoapparat, ein Diktiergerät, eventuell auch einen Höhenmesser führen Sie in Ihrem Gepäck mit sich. Während der Wanderung diktieren Sie genau, was Sie sehen und bemerken. Sprechen Sie lieber zu viel als zu wenig, unwesentliche Informationen können Sie später immer noch weglassen. Besonders eindeutig sollten Sie jedoch die Stellen beschreiben, an denen Sie eine Richtungsänderung vornehmen, so an Gabelungen und Kreuzungen. Halten Sie per Diktat auch Gebäude fest, die Ihnen bemerkenswert erscheinen. Vielleicht können Sie darüber später noch mehr herausfinden. An besonders reizvollen Ausblicken und an besonderen Gebäuden wie alten Mühlen, Höfen oder Kirchen sollten Sie den Fotoapparat zücken und einige Aufnahmen machen. Gehen Sie unterwegs auf Menschen zu und verwickeln Sie diese in ein Gespräch. In der Regel erhalten Sie viele Informationen, wenn Sie sich als Feriengast zu erkennen geben und erwähnen, dass Sie Ihre Eindrücke zu Papier bringen wollen.

Scheuen Sie sich nicht, unterwegs auch an sehr alten Bauernhöfen oder seltenen und alten Handwerksbetrieben anzuhalten und dort nach einem Gespräch zu suchen. Dies können später Highlights auf Ihrer Wegbeschreibung werden. Wenn Sie einen Höhenmesser mit sich führen, um später ein Höhenprofil für die Route zu erstellen, dann sollten Sie nicht vergessen, an den entscheidenden Punkten die Ablesungen vorzunehmen. Halten Sie Ausschau nach Gasthäusern, die Sie in Ihrer Beschreibung später als Raststationen angeben können. Kehren Sie ein, versuchen Sie den Wirt oder eine Kellnerin in ein Gespräch zu verwickeln. Sie werden möglicherweise viele Hinweise erhalten, wenn Sie von Ihrem Vorhaben erzählen. Bitten Sie um eine Speisen- und Getränkekarte, damit Sie in Ihrer Routenbeschreibung später nützliche Informationen geben können.

Der nächste Teil der Recherchen findet im örtlichen Heimatmuseum statt, oder, wenn es ein solches nicht gibt, bei Ihrem Hotelier oder Gastwirt. Fragen Sie nach allen Besonderheiten, die Ihnen während Ihrer Wanderung aufgefallen sind. Weshalb wurde diese Brücke nicht fertiggestellt? Wie kam es zu dem Brand, dessen Ruine Sie unterwegs gesehen haben? Was ist an der Stelle passiert, an der Sie ein Wegkreuz gesehen und vielleicht auch fotografiert haben? Was hat es mit der Höhle auf sich, die Sie am Wegrand gesehen haben? Gibt es irgendwelche Sagen aus dieser Gegend, die immer noch erzählt werden?

Zurück auf Ihrem Zimmer, lassen Sie den Tag noch einmal an sich vorüberziehen und visualisieren alles, was Sie den Tag über erlebt, gesehen oder gehört haben. Versuchen Sie den Text, den Sie am nächsten Tag zu Papier bringen oder in Ihr Notebook tippen werden, schon einmal zu erzählen. Am folgenden Tag erledigen Sie die Schreibarbeiten. Es wäre falsch, wenn Sie sich gleich auf die nächste Wanderung machten, denn dann würden die Eindrücke der ersten Wanderung verblassen, oder Sie würden verschiedene Informationen, die jetzt noch frisch sind, durcheinanderbringen.

Bei den Aufzeichnungen können Sie tabellarisch vorgehen, das heißt, dass Sie zunächst den Weg genau skizzieren, den Kartenausschnitt mit bestimmten Orientierungsmerkmalen aufzeichnen, das Höhenprofil erstellen und danach erst die Sehenswürdigkeiten und Besonderheiten beschreiben. Zum Schluss kämen dann Sagen, Berichte der Einheimischen und sonstiges. Angenehmer für den Wanderer ist es aber, wenn Sie die Informationen gleich bei der Wegbeschreibung geben. Dann erübrigt sich das Nachblättern. Führen Sie den Wanderer so, als ob Sie ihn begleiten würden. Dann würden Sie ja auch an Ort und Stelle Hintergrundinformationen geben.

Die Feinarbeit, also die redaktionelle Überarbeitung, die Auswahl der Fotos und der Abbildungen erledigen Sie zu Hause. Hier fertigen Sie auch einen Klebeumbruch an, in dem Sie Texte und Abbildungen so zusammenkleben, wie Sie sich Ihr Werk vorstellen. Druckereien helfen Ihnen dann bei der Druckvorbereitung und übernehmen den Druck. Anfangs, und wenn Sie sich der Absatzmenge und des Absatzweges noch nicht sicher sind, sollten Sie den Wanderführer erst in einer Nullnummer produzieren, also mit Kopien und provisorischer Heftung arbeiten. Ist Ihr Werk fertiggestellt, dann kümmern Sie sich um den Vertrieb Ihres Wanderführers.

Die Startkosten: Die Wanderausrüstung ist aller Wahrscheinlichkeit nach schon vorhanden. So kommen zunächst keine Startkosten auf Sie zu. Wollen Sie dann mit einem Notebook arbeiten, so müssen Sie dafür ab 1.000 Euro ausgeben. Einen Drucker erhalten Sie schon ab 200 Euro. Die Reisekosten und die Kosten für Kost und Logis am Urlaubsort sollten Sie nicht in die Startkosten einbeziehen, denn schließlich haben Sie ja auch einen Urlaub verbracht, selbst wenn Sie dafür täglich in einfacheren Unterkünften 40 Euro je Tag für Halbpension ausgegeben haben. Die Nullnummer Ihres Wanderführers sollte Sie, inklusive Kopien und Fotografien nicht mehr als 50 Euro kosten.

Der Gewinn: Ganz entscheidend für Ihren Gewinn sind die Auflagenhöhe und der Umfang Ihres Wanderführers. Können Sie mit dem Verkauf von 1.000 Exemplaren rechnen, dann sollten die Kosten für die Herstellung nicht wesentlich über 1,00 Euro je Exemplar liegen, wenn der Umfang 64 Seiten DIN A 5 nicht überschreitet. Der Verkaufspreis könnte zwischen 4,90 Euro und 7,40 Euro liegen. Gelingt es Ihnen, einzelne Wanderrouten an Zeitungen zu verkaufen, so rechnen Sie mit einem Zeilenhonorar von 0,20 Euro bis 0,50 Euro.

So gewinnen Sie Kunden: Lassen Sie die Wanderführer im Eigenverlag drucken, so stellen Sie sich mit der Nullnummer bei Hotels, Buchhandlungen am Ort, der Gemeindeverwaltung und dem Fremdenverkehrsbüro vor. Sie können allerdings auch auf Wanderführer spezialisierte Verlage ansprechen. Dann entfallen Ihre Bemühungen, Ihren Wanderführer selbst an den Wanderer zu bringen. Als Honorar werden von Verlagen in der Regel 6 bis 10 % vom Nettoladenpreis bezahlt.

Nehmen Sie auch mit regionalen Zeitungsverlagen – hier mit der Redaktion Reise und Erholung – Kontakt auf.

Auf einen Blick

Voraussetzungen: Gut zu Fuß, gute Formulierungsfähigkeit, Kontaktfreude

Startkapital: 0 bis 1.250 Euro

Gewinn: ca. 6 bis 10 % vom Nettoladenpreis, ca. 60 % vom Umsatz im Selbstverlag

Besonders geeignet für: Rentner und Pensionäre

Besonderheiten: Gewerbeanmeldung, wenn Sie Verlag gründen

Tipp: In ähnlicher Weise können Sie auch Radwanderführer verfassen.

PRESSEMITTEILUNG

Schneller wissen als andere:
Der persönliche Experte
im Internet macht's möglich

Bonn (of). Wer im Internet Informationen sucht, will sicher sein, dass die Webseite, von der er sich diese holt, seriöse, verlässliche, aktuelle und rechtssichere Inhalte bietet. So einen Service bietet ab sofort der Bonner Fachverlag interna. Bisher als Herausgeber von praxisorientierten Büchern und Konzepten bekannt, startete er jetzt sein eigenes Internet-Portal mit dem Namen interna-express. Hier bietet interna als persönlicher Experte Informationen zum Herunterladen, die schnell und praktisch anwendbar sind.

interna-express sorgt für gezieltes und fundiertes Wissen rund um die Themen Immobilien, Recht und Vermögen, Existenzgründung, Management und Karriere, sichere Verträge für alle Lebenslagen und vieles andere mehr. Die Autoren sind alle ausgewiesene Experten auf ihren Fachgebieten und besitzen langjährige Praxiserfahrung. Sie werden vom Verlag speziell ausgewählt, weil sie ihre Themen verständlich und mit sofort anwendbaren Tipps vermitteln. So sind die Inhalte bei interna-express ein solides Fundament für Vorteil und Erfolg aller, die diese Webseite nutzen.

Fundierte Information per Mausklick

„Gezielt planen – erfolgreich durchführen" lautet das Motto bei interna-express, und das geht ganz einfach: Einfach den gewünschten Artikel oder Mustervertrag aussuchen und bestellen – schon kann der Nutzer des Internet-Portals sein Vorhaben umsetzen. Die Preise für die Dokumente sind mäßig und das Bezahlen ebenso einfach wie sicher. Ein E-Mail-Newsletter mit aktuellen Infos kann kostenlos abonniert werden. Und der Verlag beachtet selbstverständlich alle Bestimmungen des Datenschutzes: interna selbst wird Sie nach einem Download nicht mit Werbe-E-Mails (Spam) zuschütten und Ihre Kundendaten natürlich auch nicht an Dritte weitergeben.

Portal: **www.interna-express.de.**
Verlag interna
Auguststr. 1
53229 Bonn
www.interna-aktuell.de

Nachdruck honorarfrei. Über ein Belegexemplar an die obige Adresse freuen wir uns.